DAS LAND DES MESSIAS

5. Mose 26:9 … ein Land, in dem Milch und Honig fließt.

WIDMUNG

Ich bin Gott dankbar für die Menschen, die Er in den letzten Jahrzehnten in mein Leben gebracht hat – die mich ermutigten, herausforderten, ermahnten, mich führten, an mich glaubten und mich unterstützten – zu viele, um sie zu erwähnen, und sie wissen, wer sie sind.

Zu ihnen zählen meine Eltern, die mich erzogen und mir beigebracht haben, immer dankbar und zufrieden mit dem zu sein, was ich habe.

Meine Ursprungskirche in Venezuela – Las Acacias, für die Beauftragung und Entsendung als Missionar an Bord der Logos II (betrieben von OM). Belfast Bible College für die Gewährung eines Vollstipendiums. Meine Freunde in Nordirland, die mich dabei unterstützt haben, meinen B.A. am Israel College of the Bible zu bekommen. Maoz Israel und meiner damaligen Gemeinde in Ma'ale Adumim für die Unterstützung meines Studiums, um meine Lizenz als Reiseleiter zu erhalten und meinen Master in Archäologie an der University oft he Holy Land zu machen.

Meine drei entzückenden Kinder, die mir immer vertrauen und an mich glauben, und meine süße und liebenswerte Frau Wea, die mich immer daran erinnert, dankbar für das zu sein, was ich habe, aber weiterhin das Beste zu streben – für ihre erstaunliche Unterstützung und Ermutigung.

Pilger, Besucher und Touristen, die mich inspiriert haben, dieses Buch zu veröffentlichen. Denken Sie daran, dass Sie, wenn Sie in das Land des Messias kommen, Teil einer langen Kette von Millionen sind, die vor Ihnen gekommen sind und die nach Ihnen kommen werden.

Ihnen allen widme ich dieses Buch, das ich nach über vier Jahren Reise durch dieses faszinierende Land mit viel Mühe und Herausforderungen schreiben konnte. Mit Zuversicht kann ich sagen, dass es keinen anderen Ort auf der Erde wie das Land des Messias gibt – wo noch viel Milch und Honig fließt.

Im Messias
Marcos Enrique Ruiz Rivero II (AVIEL)

DIE ARCHÄOLOGISCHE CHRONOLOGIE
DES LANDS MESSIAS

Jungsteinzeit (Neusteinzeit)	8500 - 4500 v. Chr.
Chalkolithikum (Kupferzeit)	4500 - 3500 v. Chr.
Frühbronzezeit	3500 - 2350 v. Chr.
Mittlere Bronzezeit	2350 - 1550 v. Chr.
Spätbronzezeit	1550 - 1200 v. Chr.
Eisenzeit	1200 - 586 v. Chr.
Babylonische Zeit	586 - 539 v. Chr.
Perserzeit	539 - 332 v. Chr.
Hellenistische Zeit	332 - 153 v. Chr.
Hasmonäer	152 - 63 v. Chr.
Römische Periode	63 v.Chr.-325 n. Chr.
(Herod der Große)	37 - 4 v. Chr.
Byzantinische Zeit	325 - 638 n. Chr.
Umayyaden-Zeit	638 - 750 n. Chr.
Abbasidenzeit	750 - 970 n. Chr.
Fatimidenzeit	970 - 1071 n. Chr.
Seldschukische Periode	1071-1098 n. Chr.
Fatimidenzeit	1098 - 1099 n. Chr.
Kreuzfahrerzeit	1099 -1187 n. Chr.
(Erstes Königreich Jerusalem)	
Ayyubidenzeit	1187-1250 n. Chr.
(Zweites Königreich Jerusalem)	1187-1291 n. Chr.
Mamluken-Zeit	1250-1517 n. Chr.
Osmanische Zeit	1517-1917 n. Chr.

WIE BENUTZT MAN DAS BUCH?

Wenn Sie sich auf Öffnungszeiten und Eintrittspreise für Nationalparks, Natur- und Parkbehörden, Kirchen und andere beziehen, besuchen Sie deren Website, da sich die Informationen gelegentlich ändern.

Das Buch soll die genauesten und doch einfachsten Informationen durch Stichpunkte mit erstaunlichen Binnen- und Luftbildern liefern.

Akko http://www.akko.org.il/en/

Israelische Natur- und Parkbehörde https://www.parks.org.il/en/

Christliche Orte außerhalb Jerusalems http://www.cicts.org/

Betsaida (e-Tell) http://www.kkl-jnf.org/

Eilat https://eilat.city/en/list/attraction

Yardenit https://www.yardenit.com/

Alter Katzrin-Park http://visitkatsrin.org.il/

Rosh Hanikra ist unter der Akko-Website

Das alte Shiloh http://www.myheartland.co.il/ancient-shiloh/

Timna-Park http://www.parktimna.co.il/en/

Ich danke allen, die bei der Durchsicht dieses Buches geholfen haben, insbesondere Laura Tarau.

Entworfen von:
Communicoach service.
https://COMMUNICOACH.CA/

ISBN : 978-965-7747-14-8
Geschrieben, Fotografiert, Bearbeitet und Veröffentlicht von:
Marcos Enrique Ruiz Rivero II (AVIEL)
© Copyright: Marcos Enrique Ruiz Rivero II (AVIEL).

"Heute Kunst Schaffen – Geschichte Für Die Zukunft"

Mobil +972 (0) 546711141
E-mail israelsuperguide@gmail.com
Site http://www.Israelsuperguide.com

 Israel Superguide

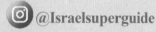 @Israelsuperguide

 @AvielSuperguide

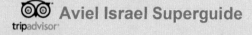 Aviel Israel Superguide

AVIEL
ISRAEL SUPERGUIDE

INHALT

Akko 1	Kafr Kana (Kana)......................... 76
Aphek (Antipatris) 4	Kapernaum............................... 78
Apollonia............................... 6	Karmelitenkloster Stella Maris 80
Arbel.................................. 7	Katzrin 82
Aschdod............................... 8	Kloster St. Georg Von Koziba............. 84
Aschkelon.............................. 10	Kursi 86
Avdat 12	Lachisch............................... 88
Banias................................ 14	Lod................................... 90
Bar'Am Synagoge 16	Ma'ayan Harod (En Charod)............... 91
Belvoir (Kochav HaYarden)................ 17	Machpelah (Hebron)...................... 92
Berg der Seligpreisungen 19	Machtesch Ramon (Ramon-Krater)........... 94
Berg Garizim 21	Magdala............................... 96
Berg Karmel (Muchraka).................. 23	Mamschit.............................. 98
Berg Tabor 25	Mar Saba Kloster........................ 100
Bet Alpha 27	Masada................................ 102
Bet Guvrin & Maresha 28	Mazor-Mausoleum....................... 105
Bet Sche'an 30	Megiddo (Tel Megiddo)................... 106
Bet Sche'arim........................... 32	Mirabel Burg (Migdal Afek) 108
Bet Schemesh.......................... 33	Nahal Taninim 109
Bethel................................. 34	Nazareth............................... 110
Bethlehem.............................. 36	Nimrodsburg............................ 113
Bethsaida (E-Tell) 39	Qumran 115
Burg Montfort........................... 41	Ramla................................. 117
Caesarea Maritima 42	Rosch Hanikra.......................... 119
Chorazin............................... 45	Saint Peter Primacy 120
Chula.................................. 47	Schivta 122
Eilat 49	See Genezareth (Galiläisches Meer)........ 124
Emmus (Nikopolis) 51	Sepphoris.............................. 126
En Gedi 52	Silo................................... 129
Gamla 54	Soreq-Höhle 131
Gat (Tel Tsafit) 56	Susita (Hippos) 133
Gezer 57	Susya................................. 135
Haifa 59	Tabgha 137
Hammat Tiberias 61	Tel Arad 139
Hazor.................................. 62	Tel Azeka (Aseka)....................... 141
Herodium............................... 64	Tel Dan................................ 143
Jaffa 66	Tel Rehov.............................. 145
Jakobsbrunnen.......................... 68	Tel Yizreel.............................. 146
Jericho................................. 70	Tell Be'er Scheva 147
Jordan (Jardenit)........................ 73	Timna 149
Jordan (Qasr al-Yahud).................... 74	Yehiam-Festung 152

EINFÜHRUNG

Wo kann ich anfangen, dich zu beschreiben?

Du bist seit fast den Anfängen der Menschheitsgeschichte bewohnt.
Du hast die Entwicklung der menschlichen Zivilisation seit ihren Anfängen miterlebt: der Jäger, der Sammler, der Metallarbeiter, der Bauer und der Hirte – all das trotz deiner wenigen natürlichen Ressourcen. Du warst nicht mit viel Wohlstand wie Gold, Diamanten oder gar Öl gesegnet, aber du hast eine Geschichte wie keine andere.

Es gibt etwas an dir, das ein Imperium nach dem anderen dazu gebracht hat, dich zu begehren, dich zu kontrollieren, dich zu verwüsten und wieder aufzubauen.

Du hast Krieger gesehen, Volksgruppen, die kamen und gingen, Prinzessinnen, Könige, Königinnen, Pharaonen, Kaiser, Propheten und unzählige andere Protagonisten. Große Mächte wie die Ägypter, Assyrer, Babylonier, Perser, Griechen, Ptolemäer, Seleukiden, Römer, Araber, Kreuzfahrer, Osmanen und viele andere haben dich kontrolliert.

Dein Boden und Himmel hat Schlacht um Schlacht gesehen, Krieg um Krieg, und deine Kinder sehnen sich nach ewigem Frieden. Deine Propheten sprachen vom Kommen eines Erlösers, eines Friedensfürsten – nur dann wirst du wahren und ewigen Frieden genießen… Frieden innerhalb deiner Grenzen. Dann werden deine Waffen zu Pflugscharen und Asthaken und deine Kinder werden nicht mehr für den Krieg trainieren.

Deine Wüsten, Berge, Täler und Tiefebenen kleiden dich mit der Schönheit des Allmächtigen, die Psalmen, Gedichte und Lieder inspiriert hat, die von vielen Künstlern früher und heute geschrieben wurden.
Du hast der Menschheit zwei bedeutende Glaubensrichtungen gegeben und den Lauf der menschlichen Zivilisation verändert.
Der außergewöhnlichste Mensch, der jemals auf dieser Erde gelebt hat, kam aus deinem Inneren. Mit bescheidenen Anfängen, aber dazu bestimmt, den Lauf der Menschheitsgeschichte zu verändern. Er war so besonders, dass seine Feinde von seiner Geburt bis zum Erwachsenenalter seine Existenz nicht akzeptierten. Er hat nie ein Buch geschrieben, aber unzählige Bücher über ihn wurden, wie über keinen anderen Menschen, geschrieben.

Ein Prophet, ein Lügner, ein Wahnsinniger, ein Lehrer oder ein Messias? Es liegt an dir zu entscheiden…

Du bist unter vielen Namen bekannt – Kanaan, Retjenu, das Land von Milch und Honig, das gelobte Land, Königreich Israel, Eber-Nari, Judäa, Zion, Siria-Palestina, Landbrücke, das Heilige Land, Königreich Jerusalem, Palästina, Levante, Staat Israel, du bist in der Tat DAS LAND DES MESSIAS.

Das Buch hat eine Video-Ergänzung auf meinem Kanal Israel Superguide mit Videos aus der Luft für die meisten Orten, siehe Playlist: Das Land des Messias. Vergessen Sie nicht, zu abonnieren, mit anderen zu teilen und "Gefällt mir" zu klicken

AKKO

Ein herrlicher Ort im nordwestlichen Teil dieses faszinierenden Landes. Es ist reich an Geschichte, Archäologie, Sehenswürdigkeiten und vielem mehr.

Nach dem Fall des Ersten Königreichs Jerusalem im Jahr 1187 spielte Akko im 13. Jh. n. Chr. eine wichtige Rolle, als es zur Hauptstadt des Zweiten Kreuzfahrerkönigreichs Jerusalem wurde. Es wurde im 20. Jh. n. Chr. wiederentdeckt und in die UNESCO-Welterbeliste unserer Zeit aufgenommen.

Akko wurde in der Geschichte in den ägyptischen Aufzeichnungen während des ersten Feldzugs von Thutmosis III. in die südliche Levante erwähnt.

Während der Teilung des Landes unter den alten Hebräern wurde Akko dem Stamm Asher zugeteilt, den es nicht einnehmen konnte (Richter 1:31).

Später übergab König Salomo das Land an König Hiram von Tyrus als Vergütung für seinen Dienst (1. Könige 9:11-13), und es wurde im 8. Jh. v. Chr. und 333 v. Chr. von den Assyrern bzw. Alexander dem Großen erobert.

Danach ging die Stadt während der Zeit der Ptolemäer, Seleukiden, der Römer, Herodes dem Großen und anderer von Eroberern zu Eroberern über.

Obwohl das Christentum im 2. Jh. n. Chr. Noch nirgendwo im Römischen Reich legalisiert war, hatte die Stadt einen eigenen Bischof.

Während der byzantinischen Zeit in der Levante (4.-7. Jh. n. Chr.) hatte die Stadt eine große samaritische Bevölkerung, doch im 7. Jh. n. Chr. hatte die Stadt große Aufruhr erlitten. Zuerst die persische Invasion, die 14 Jahre dauerte (614-628 n. Chr.) und einige Jahre später die arabische Invasion (636 n. Chr.), die eine muslimische Stadt gründete.

Im 12.-13. Jh. n. Chr. wurde Akko zur größten Stadt, die wir heute sehen können. Es wurde erstmals 1104 n. Chr. von europäischen Christen (lateinisch) erobert, um ein wichtiger Handelshafen zu werden.

Unter der Führung von An-Nasir Salah ad-Din (Saladin) im Jahr 1187 n. Chr. wurden sie in den Hörnern von Hattin (in der Nähe des See Genezareth) besiegt und 1191 n. Chr. vom legendären Richard Löwenherz zurückerobert. Akko wurde 1291 n. Chr. zur letzten Kreuzfahrerfestung, als es von den Mamluken besiegt und die Stadt zerstört wurde.

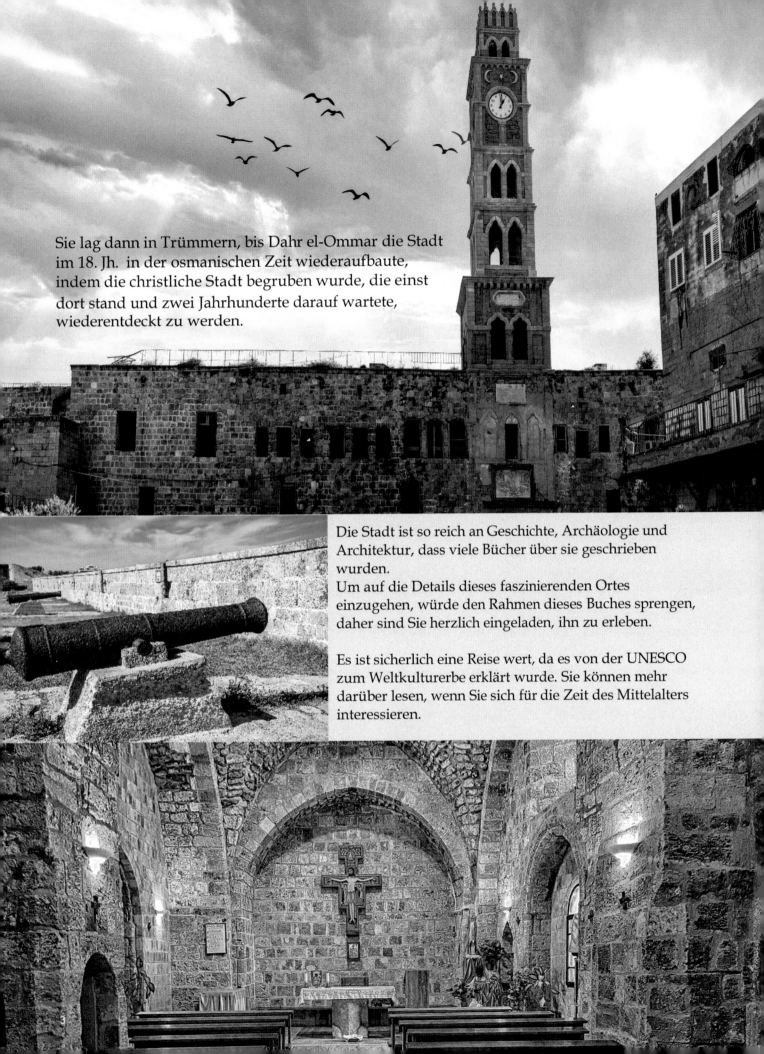

Sie lag dann in Trümmern, bis Dahr el-Ommar die Stadt
im 18. Jh. in der osmanischen Zeit wiederaufbaute,
indem die christliche Stadt begruben wurde, die einst
dort stand und zwei Jahrhunderte darauf wartete,
wiederentdeckt zu werden.

Die Stadt ist so reich an Geschichte, Archäologie und
Architektur, dass viele Bücher über sie geschrieben
wurden.
Um auf die Details dieses faszinierenden Ortes
einzugehen, würde den Rahmen dieses Buches sprengen,
daher sind Sie herzlich eingeladen, ihn zu erleben.

Es ist sicherlich eine Reise wert, da es von der UNESCO
zum Weltkulturerbe erklärt wurde. Sie können mehr
darüber lesen, wenn Sie sich für die Zeit des Mittelalters
interessieren.

APHEK

(ANTIPATRIS)

Im zentralen Bezirk des Landes nördlich von Tel Aviv gelegen und nicht zu verwechseln mit dem nördlichen Afek bei Akko.

Heute ist Aphek, auch bekannt als Tel Aphek oder Yarkon Nationalpark, ein wunderschöner Ort und sehr beliebt bei Israelis, die diesen Ort gerne zur Erholung mit ihren Familien besuchen.

Dank der Quellen von Rosh Ha'Ayin ist dieses Gebiet reich an Fauna und Flora, so dass Menschen das Gebiet seit Tausenden von Jahren bewohnen können.
Die Stadt liegt an der alten Handelsstraße, die bei den Römern als Via Maris bekannt war. Aphek wird auch in ägyptischen Aufzeichnungen im 15. Jh. v. Chr. während des Feldzugs von Thutmosis III. gegen den örtlichen Herrscher wegen des Aufstands in der alten Levante erwähnt.

Die alten Philister lagerten in der Gegend, als sie sich im Krieg gegen die Israeliten befanden und die Bundeslade verloren ging (1. Samuel 4:1).

Nach dem 8. Jh. v. Chr. wurde es die Grenze zwischen Juda und Samaria. Herodes der Große baute die Stadt wieder auf und nannte sie zu Ehren seines Vaters Antipatris.

In neutestamentlicher Zeit machte Saulus (Paulus) auf seinem Weg nach Caesarea Maritima hier einen Zwischenstopp.

Die Stadt florierte während der gesamten Römerzeit bis zur Eroberung durch die Araber. Aufgrund seiner strategischen Lage in der Via Maris mit Zugang zu Samaria und den judäischen Bergen sicherten die Kreuzfahrer das Gebiet durch den Bau einer Festung (siehe Mirabel Burg).

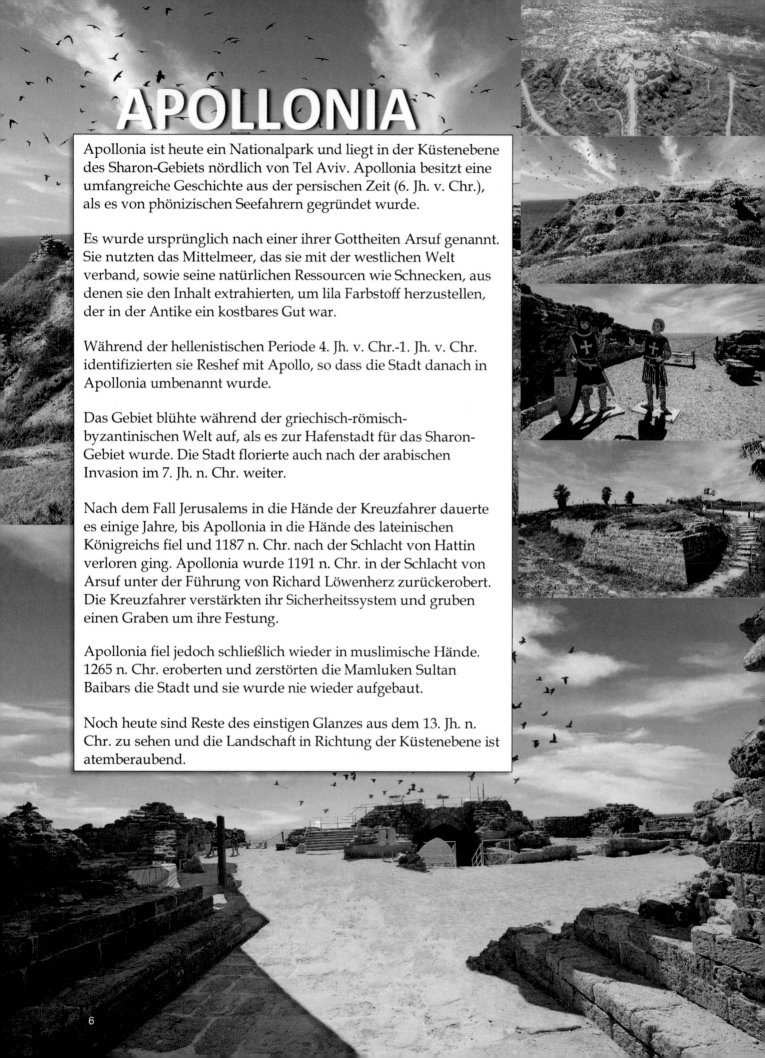

APOLLONIA

Apollonia ist heute ein Nationalpark und liegt in der Küstenebene des Sharon-Gebiets nördlich von Tel Aviv. Apollonia besitzt eine umfangreiche Geschichte aus der persischen Zeit (6. Jh. v. Chr.), als es von phönizischen Seefahrern gegründet wurde.

Es wurde ursprünglich nach einer ihrer Gottheiten Arsuf genannt. Sie nutzten das Mittelmeer, das sie mit der westlichen Welt verband, sowie seine natürlichen Ressourcen wie Schnecken, aus denen sie den Inhalt extrahierten, um lila Farbstoff herzustellen, der in der Antike ein kostbares Gut war.

Während der hellenistischen Periode 4. Jh. v. Chr.-1. Jh. v. Chr. identifizierten sie Reshef mit Apollo, so dass die Stadt danach in Apollonia umbenannt wurde.

Das Gebiet blühte während der griechisch-römisch-byzantinischen Welt auf, als es zur Hafenstadt für das Sharon-Gebiet wurde. Die Stadt florierte auch nach der arabischen Invasion im 7. Jh. n. Chr. weiter.

Nach dem Fall Jerusalems in die Hände der Kreuzfahrer dauerte es einige Jahre, bis Apollonia in die Hände des lateinischen Königreichs fiel und 1187 n. Chr. nach der Schlacht von Hattin verloren ging. Apollonia wurde 1191 n. Chr. in der Schlacht von Arsuf unter der Führung von Richard Löwenherz zurückerobert. Die Kreuzfahrer verstärkten ihr Sicherheitssystem und gruben einen Graben um ihre Festung.

Apollonia fiel jedoch schließlich wieder in muslimische Hände. 1265 n. Chr. eroberten und zerstörten die Mamluken Sultan Baibars die Stadt und sie wurde nie wieder aufgebaut.

Noch heute sind Reste des einstigen Glanzes aus dem 13. Jh. n. Chr. zu sehen und die Landschaft in Richtung der Küstenebene ist atemberaubend.

ARBEL

Es ist ein großartiger Nationalpark und Naturschutzgebiet mit atemberaubender Aussicht auf den See Genezareth, ideal zum Wandern und für ein Familienpicknick. Der Berg Arbel liegt im südöstlichen Teil von Galiläa mit so vielen Höhlen, dass er einer Honigwabe ähnelt.

Aufgrund seiner strategischen Lage mit natürlichen Verteidigungsanlagen erlebte Arbel viele Schlachten, wie zum Beispiel 37 v. Chr., als Herodes der Große im Auftrag seines Freundes Marcus Antonius die Kontrolle über das Gebiet übernahm. Viele der Zeloten (Rebellen, die die römische Besetzung hassten) versteckten sich in den Höhlen, aber Herodes verschonte sie nicht. Der jüdische Historiker Flavius Josephus erzählte, dass Soldaten in Körben gesenkt wurden, um die Rebellion zu unterdrücken, und einige von ihnen wählten den Tod durch einen Sprung von der Klippe. (Josephus, Krieg 1:305, 310).

Flavius selbst, der während des großen jüdischen Krieg einer der Kommandanten war, befestigte und nutzte diese Höhlen 66-70 n. Chr., um sie vor einer Niederlage zu schützen.

Aufgrund der vielen Auseinandersetzungen, die der Berg erlebte, erklärte die jüdische Tradition bereits im 2. Jh. n. Chr., dass in der Gegend vor dem Kommen des Messias eine große, heftige Schlacht stattfinden würde, im Gegensatz zur protestantischen Tradition, die auf Megiddo oder die Jesreelebene hinwies.

Unterhalb der Arbel liegt Wadi Haman, ein Tal, das den Berg mit dem südlichen Galiläa verbindet. Dies wurde im 1. Jh. n. Chr. häufig verwendet und war das Gebiet, an dem Jesus und seine Schüler vorbeigingen, als er in ihren Synagogen in Galiläa lehrte – möglicherweise unter anderem in Migdal (Magdala) und See Genezareth (Matthäus 4:23).

ASCHDOD

Bevor die antiken Philister in der südlichen Levante ankamen, war Aschdod ein wohlhabender Hafen in der Küstenebene. Hier wurden Tausende von Muscheln gefunden, die die Färberei in dieser Zeit begründete.

Die Stadt wurde dem Stamm Juda geschenkt, aber es gibt keinen Beweis dafür, dass sie jemals in ihrem Besitz war. Nachdem sich die Philister nicht in Ägypten niederlassen konnten und von Ramses III. im 12. Jh. v. Chr. besiegt wurden, wurde Aschdod vielmehr zu einer der in der Bibel erwähnten Pentapolis der Philister.

Eine der bestbekannten Geschichten über Aschdod ist, als die Bundeslade dorthin gebracht und als vierte Station in ihrem Dagon-Tempel aufgestellt wurde (1. Samuel 5:1-7; 6:17).
Schließlich wurde die Stadt von König Ussija von Juda (2. Chronik 26:6) und von Sargon II. im 8. Jh. v. Chr. zerstört.

Die Stadt wurde während der hellenistischen Zeit wieder aufgebaut und in Azotus umbenannt, von den Hasmonäern geplündert und schließlich Teil des Römischen Reiches.

Für Archäologen ist es schade, dass ein Großteil der antiken Stadt nicht leicht zugänglich ist. Außerdem ist nicht viel übrig und es gibt keine klaren Schilder für Besucher.

Die meisten der erhaltenen Überreste stammen jedoch aus dem Mittelalter (d.h. islamisch/Kreuzfahrer) und können jederzeit kostenlos besucht werden. Es ist als Ashdod Yam (Meer) bekannt und liegt 2 km südlich des modernen Aschdod.

Viele seiner archäologischen Schätze sind im Israel Museum in Jerusalem ausgestellt, darunter die berühmte Ashdoda, eine Figur einer kleinen sitzenden Göttin aus dem 12. Jh. v. Chr., die nach der Stätte selbst benannt wurde.

ASCHKELON

Aschkelon liegt auch am Mittelmeer. Die Stadt wurde mit unterirdischem Wasser gesegnet, das sie über Jahrtausende versorgt hat. Überall im Nationalpark sind Wasserbrunnen zu sehen.

Aschkelon war während der mittleren Bronzezeit eine sehr blühende Stadt. Ihr beeindruckender Lehmziegelbogen zeugt zusammen mit dem Bogen in Tel Dan von der Raffinesse ihrer Architekten während dieser Zeit – was sie zu den ältesten Bögen der Welt macht.

Im ägyptischen Text der El-Amarna-Briefe (14. Jh. v. Chr.) vor dem Kommen der Philister im 12. Jh. v. Chr. wurde Aschkelon bereits erwähnt. Die Stadt wurde Teil der Pentapolis, wie in der Bibel erwähnt.

Sie sollte unter der Kontrolle des Stammes Juda stehen, aber sie scheiterteten daran sie zu halten. Sie wurde auch in Richter 14:9 erwähnt, als Simson 30 Männer aus Aschkelon tötete, um ihre Vorhäute als Zahlung für eine von ihm gemachte Schuld zu entfernen. Als David in der Nähe der Berge von Gilboa vom Tod König Sauls hörte, beklagte er ihn. David bezog sich auf die Stadt und formulierte es eloquent: „Wie sind die Helden gefallen" (2. Samuel 1:17-27).

Die Stadt durchlief eine lange Besatzungszeit von der mittleren Bronzezeit (Kanaaniter) 2200-1550 v. Chr. bis zur spätmuslimischen Zeit des 16. Jh. n. Chr. und osmanischen Zeit, wo es expandiert, schrumpfte, wiederaufgebaut und behaust wurde.

Im Nationalpark können Sie einen der ältesten Bögen der Welt sehen, die mittelbronzezeitliche Festungsanlage mit ihrem Wassergraben und der mondänen Glacis (Rampe). Sie können auch Spuren der römisch-byzantinischen Zeit, sowie Überreste der mittelalterlichen Mauern sehen.

Über diese interesante Stätte kann viel gesagt werden, aber es würde den Rahmen dieses Buches sprengen. Die Idee ist, Stichpunkte zu den Standorten und professionell aufgenommene Bodenfotos und Luftbilder zu präsentieren.

Heute ist es ein sehr beliebter Ort bei Israelis, um mit der Familie zu campen und zu picknicken. Insbesondere Kindern gefällt es, da es in der Umgebung Schaukeln gibt.

AVDAT

Die Nabatäer waren sehr interessante und auch kluge Geschäftsleute der Antike. Sie waren Nomaden arabischer Herkunft, die sich in kleinen Gemeinden niederließen und mit Weihrauch, Gewürzen und anderen Waren handelten, die über das Mittelmeer auf die arabische Halbinsel gebracht wurden.

Um jedoch eine so enorme und herausfordernde Aufgabe des Handels zu bewältigen, mussten sie entlang der Handelsroute eine Reihe von Festungen errichten, um während der langen Reise durch die Wüste mit Wasser, Nahrung und Unterkünften versorgt zu werden. Sie sammelten Regenwasser in versteckten Zisternen, welche auch für Bewässerung, Pflanzung usw. verwendet wurde.

Langsam, aber sicher verwandelten sich diese Wüstenfestungen in Städte quer durch die Halbinsel – Transjordanien und Negev. Im 2. Jh. v. Chr. hatten sie enormen Reichtum angehäuft und bildeten eine Zentralregierung, die von ihrer Hauptstadt Raqmu, heute bekanngt als Petra, regierte.

Interessante Städte die sich im Negev befinden: Mamschit, Avdat, Schivta, Haluza und Nitzana.
Die sind allerdings die am besten erhaltenen und einen Besuch wert: Mamschit, Avdat und Schivta.
Heute wird Avdat von der Nationalparkbehörde betrieben und ist ein UNESCO-Weltkulturerbe. Avdat wurde im 3. Jh. v. Chr. gegründet und liegt an der antiken Gewürzstraße (Station # 62), die bis zum alten Hafen von Gaza führte, wo Waren an das Römische Reich geliefert wurden. Die Stadt entwickelte sich während der Herrschaft von Oboda II. im 1. Jh. v. Chr. Daher wurde die Stadt nach ihm benannt, da sie ihn als Gottheit ansahen. Die Nabatäer entwickelten auch ihre eigene Schreibweise.

Die Stadt florierte auch dann noch, als sie 106 n. Chr. dem Römischen Reich angegliedert wurde. Sie ist heute Teil des Wüstensystems der Römerroute, das das Monopol von Weihrauch, Gewürzen und Asphalt aus dem Toten Meer kontrolliert.

Als das Römische Reich christlich wurde, taten es auch die Nabatäer. Ihre Tempel wurden zu prächtigen Kirchen ausgebaut, die heute noch zu sehen sind.

Leider wurden sie 614-628 n. Chr. von den Persern überfallen und konnten sich nicht einmal während der muslimischen Eroberung im 7. n. Chr. erholen. Langsam wurde ihre Kultur und Architektur zum Schatten der Wüste.

Zu sehen sind: Das Badehaus, der römische Turm, die Weinpresse, die Stadtfestung, der Nabatäer-Tempel, die Nord- und Südkirche und die Stadthöhlen.

BANIAS

Banias liegt am Fuße des Hermon-Berges nahe der Grenze zum heutigen Libanon und Syrien. Sie hat einen der Flüsse, die in den Jordan münden, was die Gegend zu einem wunderschönen Naturschutzgebiet macht und sich perfekt zum Wandern, Picknicken und Sightseeing eignet, während Sie die archäologischen Überreste der Antike genießen.

Die Stadt wurde als Baal Hermon bekannt. Baal war eine der Gottheiten, die verehrt wurden, noch bevor die Hebräer in das Land kamen, das dem Stamm Manasse gegeben werden sollte (1. Chronik 5:23).

Später wurde das Gebiet im 8. Jh. v. Chr. von den Assyrern erobert, und danach übernahm jede Supermacht der Antike die Kontrolle über das Gebiet.

Im Jahr 198 v. Chr. fand in der Region ein heftiger Kampf zwischen dem Seleukidenreich (Norden) und den Ptolemäern (Süden) statt, um die Südliche Levante zu kontrollieren. Antiochus III. besiegte Ptolemaios IV. und verwandelte sie danach in eine hellenistische Stadt, die den Gott Pan verehrte.

Das Gebiet wurde später Herodes dem Großen überlassen, um dort weitere heidnische Tempel für seine nichtjüdischen Untertanen zu bauen. Nach seinem Tod regierte einer seiner Söhne, Philippus, die Stadt, vergrößerte sie und benannte sie zu Ehren des Caesars in Caesaria-Philippi um.

Sie wurde die Hauptstadt der Region einschließlich des Bashan, die heute die Golanhöhen sind. Die Stadt blühte während der Römerzeit auf, aber während der byzantinischen Zeit wurden Tempel zerstört. Die Steine wurden wiederverwendet, um Kirchen zu bauen; ein Beispiel sind die Überreste einer Kirche neben dem Parkplatz, wo frühere Christen mit einem Blutfluss an das Wunder der Frau gedenken und es ehrten (Matthäus 9,20-22).

Während der arabischen Invasion im 7. Jh. n. Chr. florierte die Stadt weiter und änderte ihren Namen erneut. Da die arabische Sprache keinen Buchstaben "P" hat, haben sie ihn durch den Buchstaben "B" ersetzt. Daher wurde Panias zu Banias. Kirchen wurden bis zum Kommen der Kreuzfahrer zerstört, die das Gebiet bis zum Ende des 13. Jh. n. Chr. kontrollierten. Danach verfiel die Stadt bis in die osmanische Zeit mit einer kleinen arabischen Bevölkerung, die die Kraft des Wassers zu nutzen wusste, indem sie eine heute ausgestellte Getreidemühle errichtete.

Auch die Ruinen des Palastes von Agrippa II können besichtigt werden. Abgesehen von der lokalen Bevölkerung wird die Stätte heute von protestantischen Christen wegen des berühmten Geständnisses von Petrus (Matthäus 16:13-20) "…als Jesus in das Gebiet von Caesarea Philippi kam…" Beachten Sie, dass der Text nicht sagt, dass Er während der Regierungszeit von Philipp in die Hauptstadt kam, sondern eher in das Gebiet, das heute ein Gebiet ist, welche die Golanhöhen umfasst. Daher gab es keinen Beweis dafür, dass Jesus als religiöser Jude mit einer sehr heidnischen Stadt dieser Zeit in Kontakt kommen würde, um sich selbst zeremoniell unrein zu machen. Nichtsdestotrotz ist der Ort da, um sich an dieses beispiellose Bekenntnis von Petrus zu erinnern und es zu feiern und die Autorität von Jesus selbst zu empfangen.

BAR'AM SYNAGOGE

Sie ist eine alte Synagoge aus der Mischnei-Talmud-Zeit in Obergaliläa und wurde zwischen dem Ende des 4. und dem Anfang des 5. Jh. n. Chr. erbaut. Wie die meisten galiläischen Synagogen, richtete sie sich nach Süden in Richtung Jerusalem aus, einer alten jüdischen Tradition folgend, die bis in das 10. Jh. v. Chr. zurückreicht (1. Könige 8:30; Daniel 6:10) - eine Tradition, die heute noch praktiziert wird, wenn Juden auf der ganzen Welt in der Synagoge beten. Die Synagoge wurde von Reisenden aus dem Mittelalter erwähnt.

Der Türsturz der Synagoge trug wunderschöne Reliefs von Weinreben und Weintrauben, sowie den Namen des Wohltäters, Eleasar, Sohn des Yodan. Verpassen Sie bei Ihrem Besuch nicht die maronitische Kirche, die dort noch steht. Bis 1948 gab es eine maronitische Gemeinde, die leider den Ort evakuierte, an dem ihre Häuser nach dem israelischen Unabhängigkeitskrieg 1948 in Schutt und Asche gelegt worden waren. Eine bessere Sicht gibt es aus der Luft.

BELVOIR

(KOCHAV HAYARDEN)

Eine beeindruckende Kreuzfahrerburg oberhalb des Jordantals mit atemberaubender Aussicht. "Belvoir" bedeutet auf Französisch "schöne Aussicht" und "Kochav HaYarden" bedeutet auf Hebräisch der Stern des Jordans. Sie gilt als eine der wichtigsten Festungen der Kreuzfahrer.

Sie wurde im 12. Jh. n. Chr. vom Johanniterorden (Johannisritter) erbaut. Sie hat einen beeindruckenden Burggraben als Verteidigung und die Steine, die sie abgebaut haben, wurden verwendet, um die Festung selbst zu bauen.

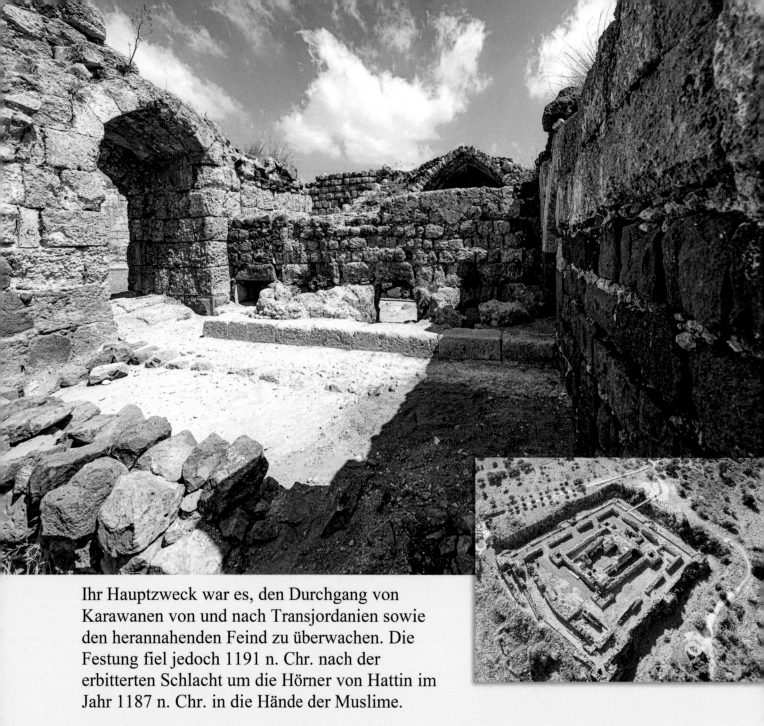

Ihr Hauptzweck war es, den Durchgang von Karawanen von und nach Transjordanien sowie den herannahenden Feind zu überwachen. Die Festung fiel jedoch 1191 n. Chr. nach der erbitterten Schlacht um die Hörner von Hattin im Jahr 1187 n. Chr. in die Hände der Muslime.

Drei Jahrzehnte später wurde die Festung ebenso wie die anderen Kreuzfahrerburgen zerstört, was sie daran hinderte, in das Land des Messias zurückzukehren.

Während der Zeit des 2. Tempels gab es eine jüdische Stadt namens Agrippina. Diese diente den Dörfern in der Nähe, indem sie mittels Fackelzeichen den neuen Monat signalisierte. Das Signal kam vom Ölberg über Sartaba (Alexandrium) und von dort nach Hauram.

Sie wird jetzt von der Nationalparkbehörde verwaltet.

BERG DER SELIGPREISUNGEN

Matthäus 5 und Lukas 6 sind für vielen Christen, die sie als Bergpredigt bezeichnen, sehr bekannte Passagen.

Wir müssen einen Moment lang darauf achten, wie Matthäus versucht, den Einen, der größer ist als Mose, darzustellen. Zum Beispiel stieg Mose auf den Berg Sinai, und Jesus geht auf einen Berg und gibt eine Auslegung der Tora (Pentateuch), wie wir diese Anweisungen für unser tägliches Leben nutzen können. Beachten Sie, dass Er sich hinsetzte, was in unserer heutigen Kultur seltsam ist, aber für die damalige Zeit ganz normal war - ein typisch jüdischer Brauch, sich zu setzen, wenn ein Lehrer lehrte.

Matthäus, der sich in der Gegend sehr gut auskannte, gab keinen genauen Ort für diesen Berg an, sondern nur, dass er auf ihn hinaufging.

Die frühen jüdischen Gläubigen aus Kapernaum wussten jedoch höchstwahrscheinlich, wo er sich befand, und könnten diese Information mündlich an die nächsten Generationen weitergegeben haben. Im 4. Jh. n. Chr. sprach die Pilgerin Egeria von einer Höhle in der Nähe von Tabgha, in die der Herr hinaufstieg, nachdem er die Seligpreisungen gelehrt hatte. Sie konnte dies nur von einheimischen Gläubigen in der Gegend gehört haben.

Ende desselben Jahrhunderts wurde zum Gedenken an dieses Ereignis eine Kirche gebaut, die jedoch leider 7. Jh. n. Chr. zerstört und nie wieder aufgebaut wurde.

Es scheint, dass Matthäus eine Reihe von Jesus' Lehren, die er an verschiedenen Orten und zu verschiedenen Anlässen gehalten hatte, gesammelt, dann zusammengefügt und auf einmal weitergegeben hat.

Jahrhunderte später erwarben die Franziskaner das Anwesen. In den 1930er Jahren wurde unweit der früheren byzantinischen Kirche eine neue, prächtige und doch bescheidene Kapelle gebaut, um an Jesus' Lehren und den grundlegenden Lebenskodex zu erinnern, den er uns hinterlassen hat, damit wir ihm folgen und gehorchen. Die Kapelle wurde von dem italienischen Architekten Antonio Barluzzi entworfen. Die moderne Kapelle in Form eines Achtecks wurde zum Teil aus lokalen Basalt- und Kalksteinen errichtet. Das Gebäude selbst spricht von der biblischen Passage - das Achteck hat acht Seiten, die acht Segnungen symbolisieren.

Von der Kapelle aus hat man einen wunderschönen Blick auf den See Genezareth, der uns hilft, uns vorzustellen, wie Jesus Tausende von Menschen unterrichtet. Ob es sich um den tatsächlichen Ort der berühmten Bergpredigt handelt oder nicht, ist unerheblich; wichtig ist, dass sie uns an die Lehre Jesu erinnert.

Heute wird der Ort von Franziskanerinnen verwaltet. Von Fahrzeugen, die das Gelände befahren, werden Gebühren erhoben.

BERG GARIZIM

Im Laufe der Jahrtausende war dieser Berg für Juden, Samariter und sogar Christen heilig und von historischer Bedeutung. Er ist auch als der Berg des Segens bekannt, auf dem Josua, der Sohn Nuns, die Segenssprüche verlas, während die Flüche auf dem Berg Elbal verlesen wurden (5. Mose 11:29, 27:1-13; Josua 8:33-35). Das nahe gelegene Gebiet war einst die Hauptstadt des Königreichs Israel, bis 732 v. Chr., als das Nordreich von den Assyrern eingenommen wurde. Heute befindet sich hier die moderne palästinensische Stadt Nablus.

Es gibt ein Missverständnis und eine sensationelle urbane Legende über die so genannten "zehn verlorenen Stämme Israels". Heute wissen wir aus historischer, biblischer und archäologischer Sicht, dass mit Ausnahme der Elite und der königlichen Familie nicht alle Bewohner des Nordreichs ins Exil geschickt wurden. Die Armen und das einfache Volk wurden zurückgelassen, um das Land weiter zu bewirtschaften. Die Samariter entstanden in dieser Zeit, als neue Menschen aus anderen Teilen des assyrischen Reiches ins Land kamen und sich mit der verbliebenen einheimischen Bevölkerung der nördlichen Stämme vermischten.

Diese neue Bevölkerungsgruppe übernahm schließlich die Glaubensvorstellungen der Zurückgebliebenen und legte ihre Schriften (die fünf Bücher Mose) neu aus. Zum Beispiel war Jerusalem nicht der Ort, an dem der Gott Abrahams angebetet wurde, sondern der Berg Garizim. Auch das Land Morija, wohin Abraham ging, um Isaak zu opfern, lag auf dem Berg Garizim. Zwischen den einheimischen Samaritern und den Rückkehrern aus dem Exil wuchs die Feindseligkeit. Später bauten sie das Land unter Serubbabel, Esra und Nehemia wieder auf (Esra 4:1-5). Die Kluft zwischen diesen beiden Gruppen von Menschen setzte sich im Laufe der Geschichte fort, und wir sehen, dass sich dies im Johannesevangelium 4 widerspiegelt (siehe Jakobsbrunnen).

Da die aus dem Exil zurückkehrenden Juden den Samaritern nicht erlaubten, sich am Wiederaufbau des Tempels in Jerusalem zu beteiligen, errichteten letztere ihren eigenen auf dem Berg Garizim, und die Gegend um den Tempel blühte während der hellenistischen Periode (4.-1. Jh. v. Chr.).

Sowohl ihr Tempel als auch ihre Stadt wurden jedoch während der Ausdehnung des hasmonäischen Reiches und der Zwangsbekehrung durch den hasmonäischen König Johannes Hyrkanos I. 112-111 v. Chr. zerstört (Josephus Ant, 13 10:3).

Dies änderte sich mit der Ankunft von Pompejus im Jahr 63 v. Chr., der das gesamte Gebiet dem Römischen Reich einverleibte. Die Samariter bauten ihre Stadt mit Ausnahme ihres Tempels wieder auf, obwohl im 2. Jh. n. Chr. in der Nähe ein Zeustempel errichtet wurde.

Die Samariter blühten bis in die byzantinische Zeit weiter auf und gerieten in Konflikt mit dem neuen christlichen Römischen Reich. Kaiser Zenon baute 484 n. Chr. eine Kirche, die im 6. Jh. n. Chr. zu einer Konfrontation mit den byzantinischen Herrschern führte.

Kaiser Justinian stärkte nicht nur die etablierte Kirche, deren Ruinen noch heute zu sehen sind, sondern rottete die Samariter fast aus, wovon sie sich bis heute kaum erholt hat, denn es gibt weniger als tausend Samariter auf der Welt. Das Kirchengelände wurde auch während der frühen islamischen Invasion und der Kreuzfahrerzeit weiter genutzt.

Heute können Sie den Berg mit einem atemberaubenden Blick auf die moderne Stadt Nablus und die archäologischen Überreste der byzantinischen Kirche besuchen, die Maria, der Mutter Jesu, gewidmet ist. Erkundigen Sie sich bei der Nationalparkbehörde nach den Öffnungszeiten und Eintrittspreisen.

Auf dem Gipfel des Berges befindet sich ein kleines samaritanisches Museum, in dem ihr Hohepriester oder einer ihrer Mitarbeiter nach vorheriger Absprache mit Besuchern oder Touristen sprechen kann.

BERG KARMEL
(MUKHRAKA)

Der Karmel ist ein 39 km langer und 8 km breiter Gebirgszug mit einer Höhe von 525m über dem Meeresspiegel. Im Gegensatz zu anderen Gebirgszügen im Land verläuft der Karmel von Nordwesten nach Südosten.

Er markierte die Grenzen zwischen den israelitischen Stämmen: Asser, Sebulon, Issaschar und dem halben Stamm Manasse, wobei der Berg selbst Asser zugesprochen wurde (Josua 19:26).

Thutmose III. nannte ihn auf seinem Feldzug im Lande Retjenu "Das Heilige Haupt".
Der Berg Karmel ist wegen seiner Nähe zum Mittelmeer mit dem Morgentau gesegnet, wodurch die Gegend das ganze Jahr über grün ist.
Eines der bemerkenswertesten biblischen Ereignisse, das sich auf dem Berg Karmel abspielte, war die Konfrontation von Elia mit den Propheten von Baal und Aschera (1. Könige 18).
Zu dieser Zeit (9. Jh. v. Chr.) wurden die Menschen synkretistisch - sie verehrten den Gott Israels und gleichzeitig die kanaanitische Anbetung.

Die Anbetung von Baal und Aschera war schon vor der Ankunft der Hebräer im Land üblich, und obwohl die hebräische Religion die Existenz des einen wahren Gottes behauptete, dauerte es Jahrhunderte und Zeiten des Exils aus ihrem Land, bis sie schließlich eine monotheistische Religion annahmen. Zuvor jedoch forderte einer ihrer wichtigsten Propheten, Elia aus Tischbe (Transjordanien), nicht nur das Volk auf, sich zu entscheiden, wer der wahre Gott sei, sondern er forderte auch König Ahab heraus und riskierte dabei sein eigenes Leben.

Der Karmel wurde nicht zufällig ausgewählt, sondern Elia, der wusste, dass auf dem Berg Baal angebetet wurde, forderte sie in ihrem eigenen Gebiet heraus. Und obwohl Jerusalem der einzige Ort sein sollte, an dem dem Gott der Israeliten Opfer dargebracht werden durften, ehrte Er Seinen Propheten und verbrannte die gesamte Opfergabe, ohne dass jemand ein Feuer anzündete.

Eilas Botschaft ist auch heute noch von großer Bedeutung. Manche Kulturen verneigen sich vor Bildern, die von Menschenhand geschnitzt wurden, oder vor trivialen Dingen wie Geld, Familie, irdischem Besitz usw., die an die Stelle von Gott treten könnten. Gott ist ein eifersüchtiger Gott, und Er wird Seine Herrlichkeit mit nichts und niemanden teilen. Wenn der Gott Abrahams Gott ist, dann bete Ihn allein an.

Diese Botschaft und das Symbol des Elias inspirierten Christen während der Kreuzfahrerzeit im 12. Jh. n. Chr., die in diese Gegend kamen und als Einsiedler in Höhlen zu leben begannen, bis sie sich in einer Gemeinschaft organisierten, aus der der nach dem Berg benannte Karmeliterorden hervorging.

Nach dem Fall des Königreichs der Kreuzfahrer im 12.-13. Jh. n. Chr. wurden die Karmeliten von den zurückkehrenden muslimischen Truppen vertrieben und kehrten dann nach Europa zurück, wo sie jahrhundertelang auf dem gesamten Kontinent florierten.

Schließlich kehrten sie im 17. Jh. an ihren Ursprungsort zurück, durften ihn aber nicht sofort wieder aufbauen. Das heutige Kloster und die Elia-Kirche wurden Mitte bis Ende des 19. Jh. n. Chr. erbaut.

Verpassen Sie nicht einen unglaublichen Aussichtspunkt auf dem Laden, der das Jesreel-Tal überblickt, an klaren Tagen können Sie sogar Untergaliläa, das Gilboa-Gebirge und das Mittelmeer sehen können.

BERG TABOR

In Matthäus 17,1-8 lesen wir, dass Jesus seine engsten Jünger - Petrus, Johannes und Jakobus - mit sich auf einen hohen Berg nahm. Wieder einmal war für Matthäus der genaue Ort des Berges irrelevant, aber im Mittelpunkt der Geschichte steht das Ereignis der Verklärung.

Wir lesen, wie "aus dem Nichts" zwei biblische Hauptfiguren auftauchen und mit Jesus sprechen - Mose und Elia, die das messianische Reich repräsentieren. Die Jünger hatten keine Ahnung, was das alles zu bedeuten hatte, und so schaltete sich Petrus ein und schlug vor, drei Laubhütten zu bauen. Die Frage ist: Woher wusste Petrus, wer diese Männer waren? Hatte er das Gespräch mitgehört, in dem sie Jesus vorgestellt wurden? Wir wissen es nicht; der Text sagt es uns einfach nicht.

In ähnlicher Weise hörte man zu Beginn von Jesus' Dienst, als er von Johannes getauft wurde, eine Stimme vom Himmel: Dies ist mein Sohn (Psalm 2:7 "Du bist mein Sohn…"), an dem ich Wohlgefallen habe (Jesaja 42:1 „Siehe, das ist mein Knecht, den ich erhalte, mein Auserwählter, an dem meine Seele Wohlgefallen hat…") Hört auf ihn (5. Mose 18:15 „Einen Propheten wie mich wird dir der Herr, dein Gott, erwecken aus deiner Mitte, aus deinen Brüdern; auf ihn sollst du hören!").

Nach einer solchen Erscheinung wurde ihnen befohlen, bis nach der Auferstehung niemandem davon zu erzählen.
Im 4. Jh. n. Chr. wollten die Christen, die in das später so genannte Heilige Land pilgerten, auch wissen, wo dieses Ereignis stattgefunden hatte. Da Matthäus keinen genauen Ort angab, wurden mehrere Vorschläge gemacht: Eusebius war sich nicht sicher, ob es der Berg Hermon oder der Berg Tabor war, der Pilger aus Bordeaux verwies auf den Ölberg. Kyrill von Jerusalem entschied 348 n. Chr. jedoch, dass es der Berg Tabor war, was später vom Kirchenvater Hieronymus bestätigt wurde.

Die erste Kirche wurde in byzantinischer Zeit erbaut, doch das genaue Datum ist nicht bekannt. Pilger aus dem 8. Jh. n. Chr. berichteten von mindestens einer stehenden Kirche. Mit dem Beginn der Kreuzzüge wurden dort Benediktinermönche angesiedelt. Danach hielten sie sich dort immer wieder auf, bis sie schließlich vom Berg vertrieben wurden und die Kirche 1263 n. Chr. von den Mamluken völlig zerstört wurde.

Schließlich gelang es den Franziskanern und der griechisch-orthodoxen Kirche, ein Grundstück zu kaufen, wo die Kirche 1924 vom italienischen Architekten Antonio Barluzzi wieder aufgebaut wurde. Auch hier verwendete Barluzzi eine Architektur, die auf dem biblischen Text basiert. Die Fassade des Gebäudes hat drei Hauptgiebel, aber der eine in der Mitte ist höher und größer als die anderen beiden – der mittlere repräsentiert Jesus und die anderen beiden repräsentieren Moses und den Propheten Elia. Die moderne Kirche wurde auf der Kreuzfahrerkirche erbaut, die auf der byzantinischen Kirche errichtet wurde, so dass Millionen von Christen gemeinsam an einem Ort beten konnten.

Im Norden bietet die Kirche einen guten Blick auf das Jesreel-Tal, und am Eingang zum Innenhof sind noch die Ruinen des Benediktinerklosters zu sehen. Nach christlicher Überlieferung wurde in der Kirche der Altar errichtet, auf dem die eigentliche Verklärung stattfand.

BET ALPHA

Ein sehr beeindruckender Mosaikboden aus einer alten Synagoge aus dem 6. Jh. n. Chr. wurde im 20. Jh. von Mitgliedern des Kibbuz Bet Alpha am Fuße der Gilboa-Berge freigelegt. Mosaiken dieser Art waren in dieser Zeit nicht nur bei Juden, sondern auch bei Christen und Heiden üblich. Das Mosaik ist reich verziert mit Tieren, Früchten, Vögeln, geometrischen Mustern, jüdischen Ritualgegenständen – der Bundeslade und sogar einer kindlichen Darstellung der Opfergabe Isaaks durch seinen Vater Abraham (1. Mose 22:1-19). Die rätselhaftesten Darstellungen auf dem Mosaikboden, der sich in der Mitte befand, waren jedoch die Tierkreissymbole mit dem Sonnengott Helios, der auf einem von vier Pferden gezogenen Wagen reitet. Dies wäre einige Jahrhunderten früher undenkbar gewesen, da das Anfertigen solcher Bilder strengstens verboten war.

Gelehrte kamen zu dem Schluss, dass solch eine verblüffende heidnische Darstellung in einer heiligen jüdischen Umgebung einfach eine Dekoration war und dass der Tierkreis und Helios ihre wahre Bedeutung verloren hatten. Andere waren anderer Meinung oder bezweifelten ihre Schlussfolgerungen, was mehr Fragen als Antworten hinterließ.

Heute steht die Bet Alpha Synagoge unter der Verwaltung der Nationalparkbehörde.

BET GUVRIN
& MARESHA

Eine beeindruckende archäologische Stätte, die von der Nationalparkbehörde betrieben wird. Sie liegt im Schefela (Tiefland) zwischen der Küste und dem Gebirge.

Maresha, wie es zuerst genannt wurde, war eine Stadt innerhalb des Stammes Juda (Josua 15:44). Das Gebiet ist reich an Landwirtschaft und hat den Vorteil von unterirdischen Höhlen, die aufgrund der Weichheit des Bodens (Kreide) entstanden sind.

Nach dem babylonischen Exil Judas im Jahr 586 v. Chr. wurde das Gebiet von den Edomiten aus dem Osten gefüllt und wurde zu Idumäa. Auch Sidonier bevölkerten das Gebiet und hinterließen eine sehr reiche Nekropole. Während der hasmonäischen Zeit (nach 152-37 v. Chr.) zwangen Juden die Bevölkerung, entweder zum Judentum zu konvertieren oder zu gehen! Viele entschieden sich für die Bekehrung und von ihnen stammten die Vorfahren von Herodes dem Großen.

Maresha wurde 40 v. Chr. von den Persern zerstört und nie wieder aufgebaut, aber der Tell ist noch heute zu sehen. Stattdessen wurde eine neue griechisch-römische Stadt geboren, d.h. Bet Guvrin, die während der spätrömischen und byzantinischen Zeit blühte.

Die Einwohner von Maresha nutzten auch den Boden, indem sie viele Höhlen gruben, die als Lagerräume, Zisternen und Taubenschläge genutzt wurden, um unter anderem ihre Ölpressen unterzubringen.

Bet Guvrin ist der einzige Ort mit einem ursprünglich zu diesem Zweck im 2. Jh. n. Chr. erbauten Amphitheater. Alle anderen, wie die in Caesarea Maritima und Bet Sche'an, hatten zuvor andere Zwecke. Gladiatorenspiele wurden während der christlichen Ära schließlich verboten und das Amphitheater wurde in einen öffentlichen Markt umgewandelt. Viele Kirchen wurden auch in Klöster umgewandelt, die in der Gegend gediehen.

Die Stadt wurde als Eleutheropolis (die Stadt der Freien) bekannt. Trotz der arabischen Invasion im 7. Jh. n. Chr. blieb das Gebiet bis zur Zeit der Kreuzfahrer bewohnt.

Arabische Einwohner haben das Gebiet jahrhundertelang abgebaut und beeindruckende glockenförmige Höhlen geschaffen. Mehr als 800 Höhlen wurden kartiert, aber nicht alle sind für die Öffentlichkeit zugänglich. Aufgrund seiner strategischen Lage zwischen der Küstenebene und dem Berggebiet ließen sich die Kreuzfahrer in dieser beeindruckenden Festung nieder, die noch heute direkt neben dem Amphitheater
zu sehen ist.

29

BET SCHE'AN

Ein weiteres Juwel der Antike, das vom Chalkolithikum bis in die osmanische Zeit zurückreicht.

Ein sehr strategischer Ort, der den Eingang/Ausgang zum Jesreel-Tal und zum Jordantal kontrolliert. Aus diesem Grund verschwendeten die Ägypter keine Zeit, übernahmen es und stellten eigene Gouverneure vor Ort. Die Stätte wurde während der Feldzüge von Thutmosis III. sowie in den Amarna-Briefen und der Exkursion von Pharao Sethos I. in die Levante erwähnt.

Bet Sche'an wurde dem halben Stamm Manasse gegeben, da sie bereits in Transjordanien waren. Die Philister fassten jedoch in der Gegend Fuß, als sie gegen König Saul kämpften, der sein Leben und seine Kinder am Fuße des Gilboa-Berges verlor und sein Leichnam an der Mauer von Bet Sche'an aufgehängt wurde (1. Samuel 31:7-12).
Schließlich eroberte David die Stadt, sie wurde aber 732 v. Chr. von den Assyrern unter der Führung von Tiglat-Pilesser III. zerstört. Im Grunde war das das Ende der Besiedlung des Tell, der heute wie ein Hügel aussieht, aber aus Schichten von Tausenden von Jahren besteht.

Während der hellenistischen Zeit lebten die Menschen nicht auf Tells, sondern nur unter ihnen. Die griechisch-römische Stadt, die wir heute bewundern können, wurde nach der Legende von Dionysos, dem Gott des Weines, dessen Amme in der Stadt begraben wurde, in Nysa-Skythopolis umbenannt.

Während der hasmonäischen Zeit gab ihnen König Johannes Hyrkanos I. die gleichen Wahlmöglichkeiten wie die Einwohner von Maresha – zum Judentum zu konvertieren oder zu gehen. Die Mehrheit entschied sich zu gehen und im Jahr 63 v. Chr. als Pompeius die Kontrolle über die Levante übernahm, kamen die Bewohner zurück. Danach wurde die Stadt zu einer der halbautonomen Städte in der Region und war Teil der Dekapolis und die einzige Dekapolis-Stadt im Westen.

Während der römischen und byzantinischen Zeit blühte die Stadt auf. Sie war reich an Architektur und Unterhaltung – Badehaus, lokales Theater, Hippodrom, das später zu einem Amphitheater wurde, öffentliche Toiletten, Tempel, Nymphäum – die Stadt hatte alles, was eine Stadt dieser Größenordnung in der antiken Welt brauchte.

Die Stadt ging leider 749 n. Chr. unter, nachdem ein schweres Erdbeben ihre prächtigen Gebäude zum Einsturz brachte. Noch heute kann man ihre Säulen seit der Zeit des Erdbebens am Boden liegen sehen.

Heute wird Bet Sche'an von der Nationalparkbehörde verwaltet.

BET SCHE'ARIM

Bet Sche'arim liegt im Jesreel-Tal 20 km östlich der Stadt Haifa. Sie stammt aus der hellenistischen Zeit des 1. Jh. v. Chr., obwohl an dieser Stätte Keramik aus der Eisenzeit gefunden wurde. Ihre Hauptattraktion ist heute die antike jüdische Nekropole, die in die Hügel gehauen wurde und die beeindruckende Glasfabrik der Abbasidenzeit vom 8. bis 10. Jh. n. Chr.

Die Juden scheiterten bei ihren Versuchen, die Römer loszuwerden, die Jerusalem 70 n. Chr. zerstörten und nach der zweiten Rebellion 132-135 n. Chr. wurde Jerusalem als heidnische römische Stadt wieder aufgebaut.

Nach dem 2. Jh. n. Chr. zog der Sanhedrin (maximale spirituelle jüdische Autorität) nach Norden und Bet Sche'arim spielte eine wichtige Rolle während dieses Übergangs, wo es keinen jüdischen Tempel und keine Tieropfer mehr gab und Rabbiner fragten, was als nächstes zu tun sei?

Es gab viele ungeschriebene Traditionen und Gesetze, die mündlich von einer Generation zur nächsten weitergegeben wurden, bis Rabbi Jehuda ha-Nasi die Verantwortung übernahm, sie zusammenzustellen und zu kodifizieren. Siehe, die Mischna (mündliches Gesetz) wurde geboren.

Jehuda ha-Nasi wurde in Bet Sche'arim begraben, aber sein Grab wurde nie gefunden. Der Ölberg wurde für mehr jüdische Bestattungen eingeschränkt, und daher wurde Bet Sche'arim für viele Rabbiner und Elitejuden eine Alternative. Bet Sche'arim sank im Laufe der Jahrhunderte bis ins Mittelalter, um dann im 20. Jh. ein Nationalpark zu werden.

Sie ist auch ein UNESCO-Weltkulturerbe, die einen Besuch wert ist.

BET SCHEMESCH

In der Antike wurden viele Städte nach der Gottheit benannt, die verehrt wurde und in diesem Fall war es der Sonnengott - Bet Schemesch (das Haus der Sonne). Sie befindet sich zwischen den nördlichen und südlichen Eingängen der modernen Stadt Bet Schemesch. Bet Schemesch war eine kanaanitische Stadt im Tiefland (Schefela), die dem Stamm Dan gegeben wurde. Als Dan jedoch nach Norden zog, übernahm es der Stamm Juda (2. Chronik 6:59).

Eine bekannte Geschichte, Bet Schemesch im 10. Jh. v. Chr., war eine der Stationen der Bundeslade, nachdem die Philister sie Monate zuvor erobert hatten. Die Bundeslade machte ihren letzten Halt in Jerusalem, als König David sie dorthin brachte.

Jüngste archäologische Ausgrabungen haben eine Erweiterung der Stadt nach der assyrischen Invasion ans Licht gebracht, die später während der babylonischen Invasion zerstört wurde. Danach entwickelte sich die Stadt weder in hellenistischer noch in römischer Zeit. Dennoch wurde während der byzantinischen Zeit ein Kloster errichtet, das den vorbeiziehenden Pilgern Schutz bot. Auch diese endete im 7. Jh. n. Chr. durch die persische Invasion.

Während der osmanischen Zeit entstand in der Nähe ein kleines arabisches Dorf, das im 19. Jh. von den europäischen Entdeckern als Ain Shem identifiziert wurde. Im Jahr 2015 wurden die Ausgrabungen in dem Gebiet wieder aufgenommen, und zum Zeitpunkt der Erstellung dieses Buches könnten beim Ausbau der Straße 38 neue Entdeckungen zugedeckt werden. Der Eintritt in Bet Schemesch ist kostenlos. Hoffentlich wird die Stätte in naher Zukunft von der Nationalparkbehörde betrieben.

BETHEL

Die Suche nach dem biblischen Bethel als Lus veranlasste viele Archäologen über ein Jahrhundert lang. Bethel hat eine Verbindung zum biblischen Ai, das ebenfalls Gegenstand einer großen Suche war (Genesis 12:8; Josua 7:2).

Die meisten Gelehrten lokalisieren das antike Bethel im arabischen Dorf Beitin, das etwa 17 km nördlich von Jerusalem liegt. Ein weiterer Vorschlag für das biblische Bethel ist Al-Bireh, eine weitere arabische Stadt etwa 15 km nördlich von Jerusalem.

In diesem Buch ist es der dritte vorgeschlagene Ort für das biblische Bethel (auch bekannt als der Ort von Jakobs Traum) vom angesehenen Geographen Ze'ev Vilnai. Dies ist nördlich der modernen Gemeinde, die auch als Bethel (Haus Gottes) bekannt ist und etwa 20 km nördlich von Jerusalem liegt. Ze'ev schlug nicht nur den Ort von Jakobs Traum vor, sondern auch den Ort für Jerobeams Tempel.

Wie dem auch sei und unabhängig von seinem genauen Standort, eines ist sicher: Bethel ist eine zentrale Geschichte und die drei Orte liegen relativ nahe beieinander. Jakob war auf der Flucht vor seinem Bruder Esau und sein Traum stand im Mittelpunkt seiner Lebensgeschichte.

Die Einordnung der Patriarchen (Abraham, Isaak und Jakob) in eine historische Linie ist nicht klar oder genau, ein Vorschlag stammt aus dem 18. Jh. v. Chr. (Genesis 28:10-22).

Das bemerkenswerte Versprechen, das Jakob gegeben wurde, als er um sein Leben rannte, war, dass Gott ihn daran erinnerte, wer Er war – der Gott seines Vaters und Großvaters. Und Er sagte Jakob, er solle sich nicht fürchten, denn Er würde aufpassen, ihm und seinen Nachkommen das Land, in dem er stand, zurückzubringen und für immer zu geben und in ihm zu erfüllen, was Gott verheißen hatte.

Jakob war erstaunt über einen solchen Traum und aus Angst, Gott nicht für selbstverständlich zu halten, stellte er dennoch den Allmächtigen auf die Probe. Jakob sagte: "Wenn das so ist, und wenn du auf mich aufpasst und mich beschützt und in dieses Land zurückbringst, dann wirst du mein Gott sein" – das deutete darauf hin, dass der Gott seines Vaters nicht sein eigener persönlicher Gott war.

Ein solches Versprechen wurde nie vergessen und tatsächlich kam Jacob mit mehr aus Haram zurück, als mit was er ging. Diese Geschichte wurde jahrhundertelang von Generation zu Generation weitergegeben, bis sie schließlich niedergeschrieben und kodifiziert wurde.

Während des israelitischen Königreichs spielte Bethel neben der Markierung der Grenzen zwischen Juda und dem Königreich Israel eine weitere wichtige Rolle, aber auch die Rebellion gegen den zentralen Ort der Anbetung Gottes.

König Jerobeam baute Altäre in Dan und Bethel, um die nördlichen Stämme daran zu hindern, nach Jerusalem hinaufzuziehen, indem er ihnen Alternativen zur Verfügung stellte (1. Könige 12:26-33). Dieser Akt der Rebellion wurde von den Autoren des biblischen Textes weder vergeben noch vergessen. König David diente als Musterkönig, daher wurde Jerobeam seine Antithese.

Bethel hatte auch eine Verbindung zu den beiden Propheten Elia und Elisa, als sie den Ort auf ihrer Reise besuchten, bevor ersterer in einem Wirbelwind in den Himmel aufgenommen wurde (2. Könige 2).

Bethel wurde auch nach der Rückkehr der Israeliten aus dem babylonischen Exil erwähnt (Esra 2:28; Nehemia 7:32). Im Mittelalter wurde dort von den Kreuzfahrern eine kleine Kapelle gebaut und später in ein muslimisches Heiligtum umgewandelt.

BETHLEHEM

Bethlehem liegt südlich von Jerusalem und untersteht der palästinensischen Autonomiebehörde, genau wie Bait Dschala und Bait Sahur in der Nähe. In der Antike wurde es dem Stamm Juda zugeordnet. Laut dem Buch Ruth spielte sich ihre und die Geschichte von Boas in dieser Gegend ab. Später wurde hier einer ihrer Urenkel, David der Hirte, als König geboren.

Trotz der Bedrohung durch die Assyrer im 8. Jh. v. Chr. gab der Prophet Micha dem Volk von Bethlehem Hoffnung und versprach das Kommen eines Sohnes Davids, um Rettung und Hoffnung zu bringen (Micha 5:2). Zwei Jahrhunderte später erinnerte der Prophet Jeremia die Menschen in Bethlehem daran, dass trotz der bevorstehenden babylonischen Gefangenschaft immer noch Hoffnung auf das Kommen eines Sohnes Davids bestand, der das Haus Jakob für immer regieren würde. (Jeremia 33).

Von den Propheten vor langer Zeit versprochen und Maria vom Erzengel Gabriel in Nazareth angekündigt, wurde der Superkönig, der König der Könige demütig in einer Krippe geboren – Jeus, der verheißene Messias, trat in die Weltgeschichte ein, um den Lauf der Menschheit für immer zu ändern.

Um Seine bescheidenen Anfänge zu feiern und sich daran zu erinnern, verfügte Kaiser Konstantin der Große im 4. Jh. n. Chr. den Bau der Geburtsbasilika, in der einst die Krippe stand.

Die Kirche hat eine Reihe von Veränderungen und Umbauten durchgemacht, wie sie Kaiser Justinian im 6. Jh. n. Chr. nach der Zerstörung der Kirche durch den Samariteraufstand vorgenommen hatte, sowie die Ergänzungen, die im 12. Jh. n. Chr. von den Kreuzfahrern vorgenommen wurden.

Heute ist es unter der Obhut der Griechisch-Orthodoxen, der Armenier und der angrenzenden lateinischen Kirche (St. Katharina).

Über diesen reichen und faszinierenden Ort kann viel gesagt werden; es sprengt jedoch den Rahmen dieses Buches.

Andere bei Besuchern beliebte Orte sind:

Die Milchgrotte

Nach christlicher Überlieferung hielt Maria in dieser Höhle an, um das Baby Jesus zu stillen, als die heilige Familie nach Ägypten floh. Milchkügelchen tropften auf den Boden, wodurch ein kalkhaltiger Kalkstein entstand. Seitdem schreiben viele Pilger das Wunder, Kinder zu zeugen, dem Essen von Staub von diesem Felsen zu.

In byzantinischer Zeit wurde hier eine Kirche errichtet und im 19. Jh. von den Franziskanern wieder aufgebaut.

Das Feld der Hirten

Dieser Ort erinnert an die traditionelle Stätte, an dem die Engel den Hirten die Geburt von Jesus an einem Ort nicht weit von ihrem Aufenthaltsort verkündeten. Lukas 2:8-20.

So wurde im 4. Jh. n. Chr. eine kleine Kirche gebaut, um dieses große Ereignis zu feiern. Obwohl sie zerstört wurde, konnten Christen im 6. Jh. n. Chr. ein Kloster wieder aufbauen, das bis zum 10. Jh. n. Chr. Bestand hatte.

Dies war einer der vielen Orte, an denen die Franziskaner sich erholen konnten und im 20. Jh. eine kleine Kapelle des italienischen Architekten Antonio Barluzzi rekonstruierten.

Besuchen Sie diese Orte mit einem autorisierten Reiseleiter.

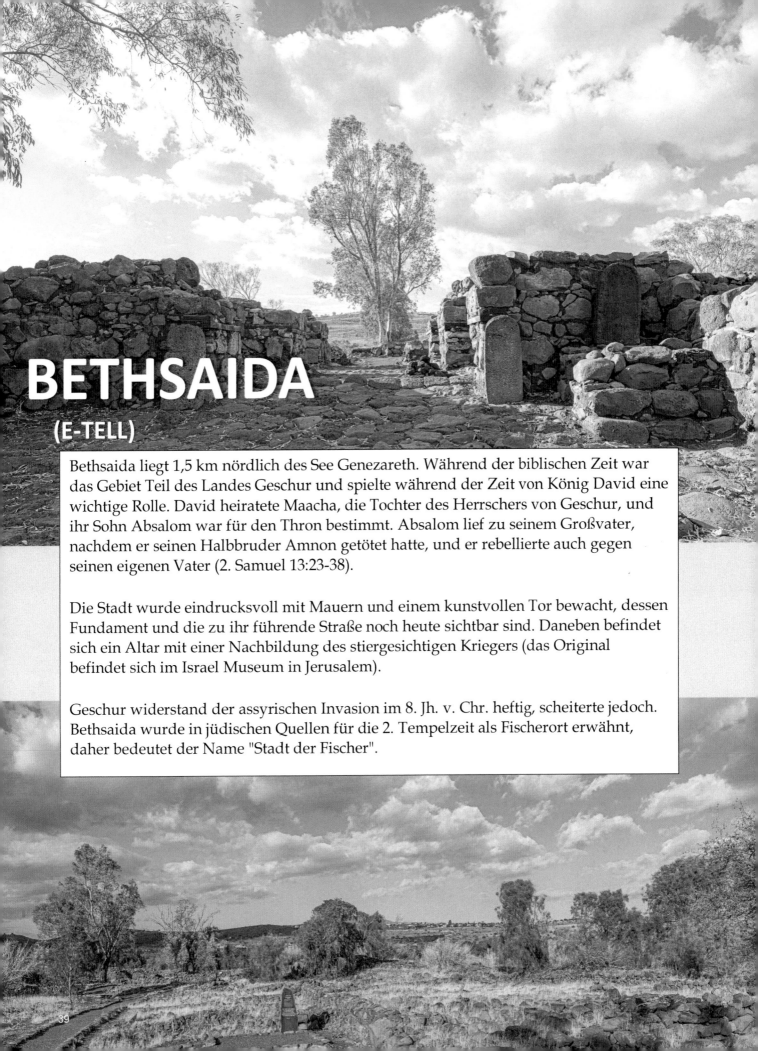

BETHSAIDA
(E-TELL)

Bethsaida liegt 1,5 km nördlich des See Genezareth. Während der biblischen Zeit war das Gebiet Teil des Landes Geschur und spielte während der Zeit von König David eine wichtige Rolle. David heiratete Maacha, die Tochter des Herrschers von Geschur, und ihr Sohn Absalom war für den Thron bestimmt. Absalom lief zu seinem Großvater, nachdem er seinen Halbbruder Amnon getötet hatte, und er rebellierte auch gegen seinen eigenen Vater (2. Samuel 13:23-38).

Die Stadt wurde eindrucksvoll mit Mauern und einem kunstvollen Tor bewacht, dessen Fundament und die zu ihr führende Straße noch heute sichtbar sind. Daneben befindet sich ein Altar mit einer Nachbildung des stiergesichtigen Kriegers (das Original befindet sich im Israel Museum in Jerusalem).

Geschur widerstand der assyrischen Invasion im 8. Jh. v. Chr. heftig, scheiterte jedoch. Bethsaida wurde in jüdischen Quellen für die 2. Tempelzeit als Fischerort erwähnt, daher bedeutet der Name "Stadt der Fischer".

Im Neuen Testament war das Dorf Bethsaida der Ort, aus dem die drei Jünger Jesus kamen – Petrus, Andreas und Philippus. In Markus 8:22-26 heilte Jesus einen Blinden und das Wunder der Brote und Fische geschah in der Nähe (obwohl man sich heute an letzteres an anderer Stelle erinnert [siehe Tabgha]).

Leider verurteilte Jesus Bethsaida wegen seines Unglaubens (Matthäus 11:21).

Der jüdische Historiker Flavius Josephus schrieb, dass Philipp, der Sohn von Herodes dem Großen, das Dorf in eine römische Stadt namens Julias erhob, benannt nach der Frau des verstorbenen Kaisers Augustus 30. n. Chr.

Leider konnten frühere Christen die Stadt erst im 19. Jh. n. Chr. identifizieren, als der Entdecker Edward Robinson E-Tell als Bethsaida identifizierte und moderne Archäologen im Jahre 1987 Robinsons Schlussfolgerung bestätigten.

BURG MONTFORT

Sie befindet sich im oberen Westen von Galiläa. Von einem ausgezeichneten Aussichtspunkt im Goren Park hat man einen herrlichen Blick auf die Festungsburg.

Der Goren Park ist für die Öffentlichkeit kostenlos zugänglich. Er ist ein wunderschönes Erholungsgebiet für Familien oder Gruppen und kann auch als Campingplatz genutzt werden, wo jeder die Freiheit erleben und die Natur genießen kann. Die herrliche Grünanlage, lässt einen vergessen, dass man sich eigentlich in einem Gebiet befindet, das zu 60 % aus Wüste besteht. Sie können hier unter anderem die israelische Eiche (Quercus calliprinos), die in den mediterranen Wäldern sehr verbreitet ist, die palästinensische Pistazie, den Weißdorn und Johannisbrotbäume bewundern.

Die ausgewiesenen Wandergebiete sind gut màrkiert (bitte folgen Sie dem Weg), so dass Sie die Landschaft sowie die Florá und Fauna des Parks genießen und schützen können.

Die Burg, eine der eindrucksvollsten Burgen des Landes, wurde während des Kreuzfahrerreiches im 12. bis 13. Jh. n. Chr. erbaut. Zuvor wurde von einer adligen Kreuzfahrerfamilie aus den umliegenden·Dörfern ein Bauernhof errichtet. Die letzten, die die Festung bewohnte, waren der Deutsche Orden (Deutschritter). Es ist erstaunlich, dass selbst nach der Zerstörung der Festung durch die Mamluken am Ende desselben Jahrhunderts noch Bäume zwischen den Mauern wachsen.

Von diesem außergewöhnlichen Aussichtspunkt aus können Besucher bis zur Burg wandern, indem sie den markierten Linien folgen und dies nur in den ausgewiesenen Bereichen tun.

Der Goren Park und die Burg Montfort stehen unter dem Schutz der Naturschutzbehörde. Zum Zeitpunkt der Erstellung dieses Buches war der Eintritt in den Park kostenlos. Weitere Informationen finden Sie auf der Website der Behörde.

CAESAREA
MARITIMA

Dies ist eine der Stätten, die ihr eigenes Buch verdienen. In dieser großen Stätte gibt es so viel Geschichte und Dinge zu sehen, die dieses Buch in Stichpunkten präsentieren wird. Sie wurde erstmals vom jüdischen Historiker Flavius Josephus als Stratos-Turm erwähnt. Herodes der Große forderte die Natur heraus, indem er einen künstlichen Hafen baute und eine in der Levante noch nie dagewesene Technologie einsetzte. Er benutzte Betonblöcke im Wasser, indem er Vulkanasche aus Italien mitbrachte.

Herodes baute nicht nur einen Hafen, sondern auch Tempel, ein Theater, ein Hippodrom, Badehäuser, Nymphäum, Aquädukte sowie seinen eigenen Palast. Nach seinem Tod im Jahr 4 v. Chr. wurde Caesarea der Sitz des römischen Statthalters, der Judäa regierte – Pontius Pilatus, der bekannteste im Neuen Testament erwähnte Statthalter, der Jesus in Jerusalem richtete und hinrichtete. Laut Apostelgeschichte 10 ist dies der Ort, an dem der erste Heide (Nichtjude) und sein ganzes Haus zum Glauben an Jesus kamen.

Trotz seiner heidnischen Umgebung gab es hier eine jüdische Bevölkerung, die einen Konflikt mit nichtjüdischen Einwohnern hatte. Die erste jüdische Rebellion begann 66 n. Chr., bevor sie sich auf Galiläa und später auf Jerusalem, das 70 n. Chr. zerstört wurde, und auf Masada 73 n. Chr. ausdehnte. In der 2. Rebellion 132-135 n. Chr. wurde der geistliche Führer Rabbi Akiva in Caesarea hingerichtet.

Caesarea expandierte und florierte nicht nur in der Römerzeit, sondern auch während der byzantinischen Zeit. In diesen Zeiten wurden Kirchen gebaut und Caesarea wurde Sitz des Bischofs und der Kirchenväter, darunter der Kirchenhistoriker Eusebius.

Nach der arabischen Invasion des 7. Jh. n. Chr. verfiel die Stadt. Sie wurde im 12. Jh. n. Chr. mit der Ankunft der Kreuzfahrer wiederbelebt, die die byzantinischen Kirchen restauriert und ihre Verteidigungsanlagen verstärkten. Im Jahre 1187 n. Chr. verloren sie die Stadt nach der Schlacht von Hattin und schließlich wurde sie 1191 n. Chr. von Richard Löwenherz zurückerobert. Ludwig IX. verstärkte 1252 n. Chr. seine Verteidigung, aber schließlich fiel Cäsarea 1265 wieder in muslimische Hände und wurde 1291 n. Chr. mit dem Fall des 2. Königreichs Jerusalem endgültig zerstört.

Ende des 19. Jh. n. Chr. siedelten die Osmanen Bosnier in dieses Gebiet um und ihre Moschee ist noch heute sichtbar. Ihr Dorf ging 1948 während der Wiedergeburt des Staates Israel zu Ende. Das Gelände wird von der Nationalparkbehörde verwaltet.

CHORAZIN

Chorazin ist eine Stadt, die im 1. Jh. n. Chr. erbaut wurde. Dennoch stammt das, was wir heute sehen aus einer viel späteren Zeit.

Hieronymus, einer der Kirchenväter, beschrieb im 4. Jh. n. Chr., dass der Ort in Schutt und Asche liegt (aus unbekannten Gründen), aber die Stadt erholte sich und wurde wieder bewohnt. In ihren Gebäuden und in der alten Synagoge wurden lokale Basaltsteine verwendet, dagegen verwendete Kapernaum, welches als Gegenstück Chorazins gilt, Kalkstein.

Ihre Bewohner waren Weizen- und Olivenbauern. Olivenpressen sind heute noch sichtbar.

Die Synagoge ist typisch für das 4. Jh. n. Chr. mit einer Nachbildung des Sitzes von Moses (welche jetzt im Israel Museum in Jerusalem ausgestellt ist).

Das ist der Einzige, der jemals in der Levante gefunden wurde, und seine frühere Erwähnung ist im Evangelium zu finden (Matthäus 23:2-3). Seine Verwendung und Bedeutung basieren alle auf Vermutungen.

45

Daneben gibt es ein für jede Synagoge typisches rituelles Tauchbad, welches durch Eintauchen im Wasser zur Reinigung dient. Es wird als "Mikwe" bezeichnet und wird heute noch von orthodoxen Juden verwendet. Sie sammelten das Regenwasser in Zisternen und leiteten es dann in das Reinigungsbecken.

Die Stadt überlebte die arabische Invasion im 7. Jh. n. Chr. und verfiel später.

Nach Jahrhunderten der Verlassenheit wurde sie im 13. Jh. von Beduinen aus dem Norden wiederbelebt. Am Eingang des Nationalparks befindet sich heute das Grab von Sheim Ramadan.

CHULA

Chula ist ein Naturschutzgebiet nördlich des See Genezareth in der Chulaebene mit den Golanhöhen im Osten und den Naphtali-Bergen im Westen.

Es war einst ein Vogelzugparadies im Herbst und Frühling, was dieses Gebiet zu einer Landbrücke zwischen Europa und Afrika machte. Trotz Widerstand wurden 1951 leider die 15.000 m² Sumpf ausgetrocknet, um Land für den Anbau zu produzieren.

Diese schlechte Entscheidung in der Vergangenheit führte zu einer ökologischen Katastrophe, die die Existenz von Pflanzen- und Tierarten, die nur dort gefunden wurden, beendete und den massiven Vogelzug, der seit Jahrtausenden stattfindet, beeinträchtigte.

Jahre nachdem die Naturreservats- und
Parkbehörden die unumkehrbare ökologische
Katastrophe erkannt hatten, beschlossen sie,
einen künstlichen See wiederherzustellen, der
einen Bruchteil der ursprünglichen Fläche
ausmachte.

Flora und Fauna wurden dann wieder
eingeführt und die Vögel legten eine Pause von
ihrer langen Reise ein. Chula ist ideal für
Familien, Gruppen und Naturliebhaber.

Das Gebiet verfügt über ein visuelles Zentrum,
das die Geschichte des Naturschutzgebietes
und den Vogelzug darstellt, einen
Picknickplatz und eine Holzbrücke zum
Spazieren am See.

EILAT

Eilat ist die am weitesten südlich gelegene Stadt Israels und ist ein Ferienort mit vielen Attraktionen. Dort befindet sich auch Israels drittgrößter Hafen mit Zugang zum Indischen Ozean und darüber hinaus.

Die heutige Stadt war nie Teil des alten israelitischen Königreichs, sondern eher des alten Hafens von Akaba (heute im modernen Jordanien). Dieser Ort wird seit der Eisenzeit (bekannt in dieser Zeit als Ezion Geber [1 Könige 9:26-28, 10:22; 1 Könige 22:49-50; 2. Könige 16:6]) bis heute genutzt und ermöglichte den Zugang zur Königsstrasse, was im heutigen Jordanien liegt.

Die Stadt ist bekannt für ihre Strände, das Schnorcheln im Roten Meer (auf Hebräisch das Schilfmeer genannt), das Wandern im Red Canyon und den steuerfreien Hafen.

Sehenswertes: Der Coral Beach in der Nähe des Timna Parks (siehe Timna); Ein Evrona und Doum Palms. Wenn Sie ein Vogelliebhaber sind, gibt es nördlich der Stadt eine zweite Zugstation.

Der andere befindet sich in der Chulaebene nördlich des See Genezareth (siehe Chula). Darüber hinaus ist das Coral World Underwater Observatory ideal für Kinder; Windsurf-Bereich; Königsstadt und mehr.

Die ideale Besuchszeit ist von November bis April, da die Temperaturen ziemlich hoch sein können (über 30°C/90°F).

EMMAUS
(NIKOPOLIS)

Emmaus liegt in einer sehr strategischen Gegend zwischen der Küstenebene und Jerusalem. Der Ort war Zeuge großer Schlachten wie z.B. als Josua der Sonne und dem Mond befahl, bis zu seiner Rache an seinem Feind still zu stehen (Josua 10:1-15).

Im 2. Jh. v. Chr. besiegte Judas Makkabäus die Seleukiden während er Jerusalem aus deren Händen befreite. Die Makkabäer befestigten dann dieses Gebiet, das sich heute in Latrun Junction befindet. Diese besondere Stätte ist heute jedoch nur einer von vielen Vorschlägen für das Emmaus, die im Neuen Testament erwähnt werden.

Nach der Auferstehung erschien Jesus zwei seiner Jünger, die zunächst nicht erkennen konnten, dass Er Jesus war. Wir wissen nur, dass dieser Ort eine Straße nach Jerusalem war und das frühere Manuskript des Lukasevangeliums nicht klar über die Entfernung war. Andere Orte im Land haben sich mit dieser Tradition identifiziert, aber die älteste war Nikopolis. Nach 30 n. Chr. zerstörten die Römer das Dorf, aber es wurde während der byzantinischen Zeit wiederhergestellt.

Es wurde dann in Nikopolis oder "Stadt des Sieges" umbenannt, wo in dieser Zeit Kirchen gebaut wurden. Aber es überlebte die persischen und arabischen Invasionen 614–628 n. Chr. bzw. 634–638 n. Chr. nicht.

Während der Kreuzfahrerzeit blühte es kurz auf, degenerierte dann aber nach ihrer Vertreibung aus dem Gebiet wieder. Einige überlebende arabische christliche Dörfer blieben bis zum israelischen Unabhängigkeitskrieg 1948 (zwischen israelischen und jordanischen Truppen). Heute werden die archäologische Stätte und die Kapelle von der Gemeinschaft der Seligpreisungen verwaltet, einem seit 1975 im Land ansässigen katholischen Orden, der sich um die Versöhnung zwischen Juden und Christen bemüht.

EN GEDI

En Gedi ist eine Oase in der judäischen Wüste mit Blick auf das Tote Meer und liegt vor der alten moabitischen Siedlung. Aufgrund der natürlichen Quellen ist sie seit über 5000 Jahren bewohnt. In dieser Zeit begann auch die Verwendung von Kupfer in der südlichen Levante.

Dies war der Schauplatz der berühmten Zuflucht von David auf der Flucht vor König Saul (1. Samuel 23:29 - 24:22), obwohl die Archäologie keine solche Festung aus dieser Zeit, sondern aus einer früheren Zeit gefunden hat.

Das Gebiet wurde von der hellenistischen Zeit bis in die byzantinische Zeit wieder bewohnt. Sowohl historische Aufzeichnungen als auch Archäologie können von einer jüdischen Präsenz und schließlich der Verlassenheit im 6. Jh. n. Chr. nach einem Brand zeugen.

Es gab auch Beweise für ein arabisches Dorf, während der Mamlukenzeit im 13.-14. Jh. n. Chr., aber es wurde wieder aufgegeben. 1949 wurde dort ein Kibbuz (kommunale Landwirtschaft) gegründet.

Nicht nur für Touristen, sondern auch für die lokale Bevölkerung ist es ein perfektes Erholungsgebiet Während Ihres Besuchs können Sie wandern, sich in den Wasserfällen abkühlen, die Überreste des alten Kupfersteintempels besichtigen oder einfach die Fauna und Flora dieses natürlichen Erholungsgebietes genießen.

Heute wird En Gedi von der Nationalparkbehörde verwaltet.

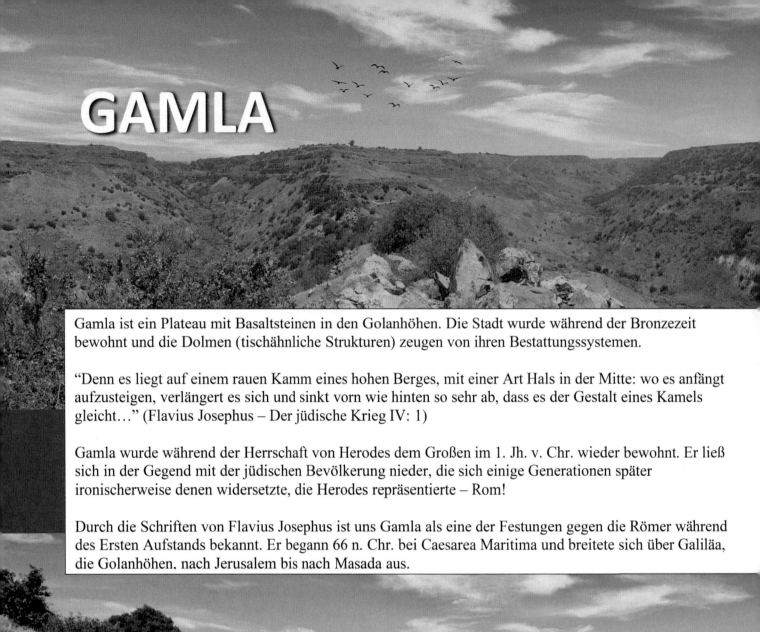

GAMLA

Gamla ist ein Plateau mit Basaltsteinen in den Golanhöhen. Die Stadt wurde während der Bronzezeit bewohnt und die Dolmen (tischähnliche Strukturen) zeugen von ihren Bestattungssystemen.

"Denn es liegt auf einem rauen Kamm eines hohen Berges, mit einer Art Hals in der Mitte: wo es anfängt aufzusteigen, verlängert es sich und sinkt vorn wie hinten so sehr ab, dass es der Gestalt eines Kamels gleicht…" (Flavius Josephus – Der jüdische Krieg IV: 1)

Gamla wurde während der Herrschaft von Herodes dem Großen im 1. Jh. v. Chr. wieder bewohnt. Er ließ sich in der Gegend mit der jüdischen Bevölkerung nieder, die sich einige Generationen später ironischerweise denen widersetzte, die Herodes repräsentierte – Rom!

Durch die Schriften von Flavius Josephus ist uns Gamla als eine der Festungen gegen die Römer während des Ersten Aufstands bekannt. Er begann 66 n. Chr. bei Caesarea Maritima und breitete sich über Galiläa, die Golanhöhen, nach Jerusalem bis nach Masada aus.

General Vespasian, der später römischer Kaiser wurde, führte drei Legionen von Soldaten an, um die Rebellion zu beenden.
Abgesehen von der natürlichen Klippe wurde Gamla von starken Mauern und Türmen befestigt. Dies hinderte die Römer jedoch nicht daran, ihr Ziel zu erreichen, den Aufstand zu beenden.

Flavius Josephus schrieb, dass über 9.000 jüdische Menschen ums Leben kamen, einschließlich der umliegenden Dörfer, die sich der Rebellion anschlossen und in ihren Mauern Zuflucht suchten. Im Jahr 67 n. Chr. fiel Gamla jedoch und wurde nie wieder bewohnt, bis es im 20. Jh. wiederentdeckt wurde. Es ist jetzt ein Naturschutzgebiet.

Das Gebiet wurde während der byzantinischen Zeit in der südlichen Levante von einer kleinen christlichen Gemeinde bewohnt. Sie hinterließen auch einen Schatten ihrer Wohnung und ihrer Kirche. Es befindet sich in der Nähe des Parkplatzes und auf dem Weg zum Geierbeobachtungspunkt.

Gamla wird von einer herrlichen Klippe hervorgehoben und bietet einen atemberaubenden Blick auf den See Genezareth. Es ist ideal zum Wandern, um die Flora zu genießen, die vor allem im Frühling von schönen Blumen akzentuiert wird; viele Baumarten: wie Mandeln, Tabor-Eiche, Atlantische Pistazie usw.; Fauna: Klippschliefer und der berühmte Gänsegeier. Gamla hat ein Vogelobservatorium mit Blick auf den höchsten Wasserfall des Landes.

GAT
(TEL TSAFIT)

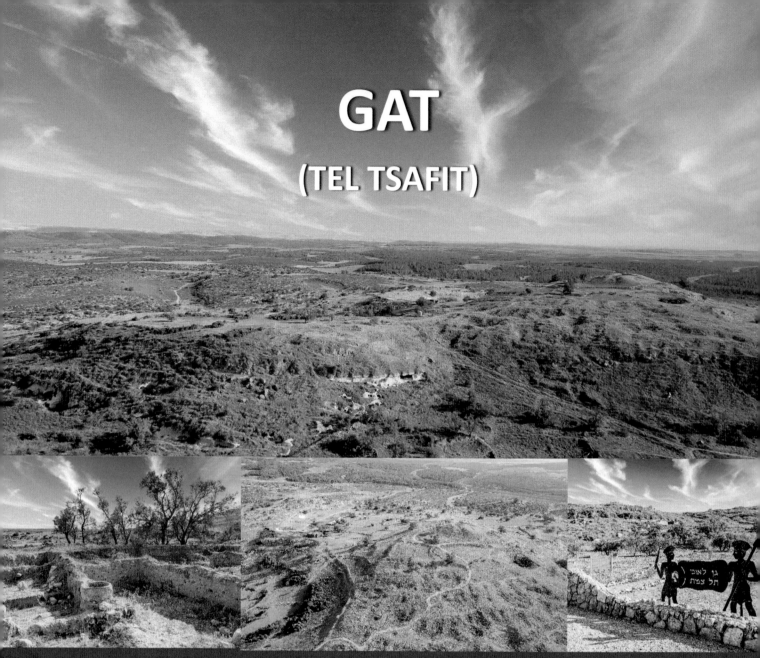

Gat war eine der Philister-Pentapolis, die in der Bibel erwähnt wird, und ihre SIgnifikanz findet man im biblischen Text (1. Samuel 6:17). Die Stadt war verantwortlich für viele Schlachten gegen die Israeliten, einschließlich, aber nicht beschränkt auf den Stamm Ephraim, und tötete viele seiner Mitglieder (1. Chronik 7:20-21).

Sie schützte die Via Maris mit Blick auf die südliche Küstenebene und das innere Tiefland. Eine ihrer bekannten Geschichten war als die fünfte Station der Bundeslade, bevor sie an die Israeliten zurückgegeben wurde (1. Samuel 5:8-9).

Einer ihrer berühmtesten Bewohner war der riesige Krieger Goliath und seine Familie (1. Samuel 17:4, 23 und 2. Samuel 21:18-22).
Obwohl er Goliath feindselig gegenüberstand, suchte David auf der Flucht vor König Saul Zuflucht in Gat. Einmal gab David vor, geistig krank zu sein (1. Samuel 21:10-15), sah aber, dass dieser Trick nicht funktionieren würde. Er und seine Männer wurden später zu dem, was wir Söldner des Königs von Gat nennen (1. Samuel 27:1-12).

In Gat hörte er vom Tod von König Saul und seinem Freund Jonathan. Als David später König wurde, benutzte er Söldner aus Gat als seine Leibwache (2. Samuel 15:18-22, 18:2).

Gat wurde weiterhin von den Königen von Juda befestigt (2. Chronik 11:8), bis sie von beiden Königen von Haram und den Babyloniern zerstört und wieder aufgebaut wurde (2. Könige 12:18). Die Stadt wurde später während der Besetzung durch die Perser, Römer und sogar die Kreuzfahrer verwendet. Diese hatten Aschkelon im Auge, welches sie schließlich 1153 n. Chr. eroberten.

Heute ist das Gelände wegen dem reichen Boden von einheimischen Bauern umgeben. Zum Zeitpunkt des Schreibens dieses Buches bleibt die Stätte unbeaufsichtigt, es gibt keine öffentlichen Einrichtungen und die Straße ist schwer zugänglich. Nichtsdestotrotz bietet sie uns einen guten Einblick in die Historie direkt am Ort biblischer Geschichten. Hoffentlich wird die Stätte in naher Zukunft verwaltet und weiterentwickelt, um besser auszusehen.

GEZER

Gezer liegt an einem der strategischsten Orte in der südlichen Levante mit Blick auf die Via Maris im Westen und auf halbem Weg zum judäischen Gebirge. Thutmosis III. durchwanderte diese Stätte im 15. Jh. v. Chr. während seines Feldzugs in Retjenu. Dann zerstörte er das Gebiet und übernahm die Kontrolle darüber.

Gezer wurde auch in den Amarna-Briefen im 14. Jh. v. Chr. sowie auf der Merneptah-Stele im 13. Jh. v. Chr. erwähnt. Obwohl König David die Philister verjagte, kontrollierte er das Gebiet nie (2. Samuel 5:25). Schließlich übergab ein namenloser Pharao König Salomo Gezer als Mitgift für die Heirat seiner Tochter (1. Könige 9:16). Später befestigte König Salomo es wie in Hazor und Megiddo. Heute haben wir drei herausragende befestigte ähnliche Tore, die von Gelehrten als Salomonische Tore bekannt sind.

Nach dem Tod von König Salomo und den Unruhen zwischen den Stämmen drang Pharao Sisaks kurzzeitig in das alte Königreich Israel ein und zerstörte Gezer.

Gezer hatte einen so hervorragenden Blick auf die Küste, die Kontrolle bis hin zu Jerusalems fruchtbarem Land und ein ausgeklügeltes Wassersystem.

Die Stadt wurde schließlich im 8. Jh. v. Chr. von Tiglat-Pileser III. zerstört und während des Makkabäeraufstandes gegen die Seleukiden im 2. Jh. v. Chr. als Festung wiederbewohnt.

Gezer brachte den heutigen Gezer-Kalender mit alter hebräischer Schrift hervor – eine der ältesten hebräischen Verschlüsselungen und befindet sich heute im Istanbuler Archäologiemuseum.

Zum Zeitpunkt des Schreibens dieses Buches ist der Eintritt zur Stätte noch frei, sie ist unbeaufsichtigt und hat keine öffentlichen Einrichtungen.

Sehenswertes: Der Gezer High Place, der kanaanitische Turm, Mittelbronzezeit-Tor, das Unterirdisches Wassersystem und das Salomonische Tor.

HAIFA

Haifa ist in der nördlichen Küstenebene gelegen und eine der wichtigsten Städte und wichtigsten Handelshäfen Israels. Sie weist eine kulturelle und religiöse Vielfalt auf. Im Gegensatz zu den meisten Städten in Israel fahren in Haifa am Schabbat (Samstag) die öffentlichen Verkehrsmittel, wie in den palästinensischen Städten.

Die frühesten Bewohner der Gegend waren während der späten Bronzezeit. Seitdem lebten die Menschen bis in die Neuzeit an der Küste. Im 20. Jahrhundert n. Chr. begannen die Menschen, sich auf dem Berg niederzulassen, mit Ausnahme einiger christlicher Einsiedler, die in Höhlen im Karmelkamm lebten und den Propheten Elia nachahmten (siehe Karmelitenkloster Stella Maris).

Während der römischen und byzantinischen Zeit wurde sie nie zu einer Großstadt. In der Kreuzfahrerzeit wurde es zu einer kleinen befestigten Küstengarnison, aber Haifa erreichte nie die Bedeutung von Akko. Während der osmanischen Zeit entwickelte sich die Stadt unter der Führung von Scheich Dhaher al-Omar im 18. Jh. n. Chr. und Ibrahim Pascha von Ägypten kurzzeitig zwischen 1831 und 1840.

Im 19. Jh. n. Chr. wanderten deutsche Christen nach Palästina aus, um sich auf das Kommen des Messias vorzubereiten, da ein neues Jahrhundert herannahte. Noch heute ist ihre Kolonie, die German Colony, zu sehen, wo viele Cafés und Hotelboutiquen genossen werden können. Und der Messias kommt noch…

Haifa hat auch den größten und schönsten Garten im Nahen Osten, der sich im Besitz des Bahá'í World Center befindet. Bahá'í ist eine der neuesten und am schnellsten wachsenden Religionen der Welt. Im Zentrum steht der Schrein des Bab (Begründer der Bahá'í-Religion und Vorläufer der Bahá'u'lláh). Der Garten ist für die Öffentlichkeit kostenlos zugänglich und Führungen werden von Bahá'í verwaltet. Die Öffnungszeiten finden Sie auf ihrer Website.

HAMMAT TIBERIAS

Hammat Tiberias liegt am Westufer des See Genezareth und ist heute Teil der modernen Stadt Tiberias. Seit der Antike ist sie für ihre heißen natürlichen Quellen und ihre heilenden Eigenschaften bekannt.
In biblischer Zeit wurde sie dem Stamm Naphtali übergeben, welches seine südliche Grenze markierte.

Die Römer bauten hier einen anspruchsvollen Kurort, der viele Besucher aus der Region und darüber hinaus anzog.
Als Herodes Antipas im Jahr 20 n. Chr. Tiberias baute, hatten die Römer hier bereits ein lukratives Geschäft.
Die Stätten wurden auch in der römisch-byzantinischen Zeit sowie in der frühen muslimischen Zeit genutzt.

Während der byzantinischen Zeit wurden hier Synagogen gebaut. Ihr ursprünglicher Mosaikboden, der im 4. Jh. n. Chr. von Severus erbaut und im 5. Jh. n. Chr. zerstört wurde, ist noch heute zu sehen. Die von Severus erbaute Bet Alpha Synagoge hatte Tierkreiszeichen und Helios auf einem Streitwagen gezeigt, was auf einen zweifellos starken Einfluss der heidnischen Welt dieser Zeit hinweist.
Einige Gelehrte können keine zufriedenstellende Antwort geben, warum diese aufmerksamen Juden beim Gravieren von Bildern Kompromisse eingegangen sind, was in der Tora eindeutig verboten war. Einige Gelehrte kamen zu dem Schluss, dass es nichts anderes als eine künstlerische Darstellung bedeutete.

Die Osmanen im 18. und 19. Jh. nutzten die heißen Quellen und ihre Einrichtungen sind Teil der Ausstellung.
Heute wird Hammat Tiberias von der Nationalparkbehörde verwaltet.

HAZOR

Hazor gilt als eine der größten antiken Städte aus der Bronzezeit. Ihre Lage und Verbindung mit der größten Zivilisation der Antike machten sie zur wichtigsten Stadt unter den kanaanitischen Städten. Es gibt grundsätzlich zwei Hauptphasen von Hazor – kanaanitische Hazor, die die untere Stadt umfasst, und die obere Zitadelle und die israelitische Stadt, die hauptsächlich die obere Stadt ist.

Sie liegt in der Chulaebene mit fruchtbarem Land und einer strategischen Lage, die den Weg nach Mesopotamien und zum Königreich Mittani kontrollierte. Hazor wurde erstmals in ägyptischen Aufzeichnungen historisch erwähnt – im Exekutionstext des 18. Jh. v. Chr. sowie in den Amarna-Briefen des 14. Jh. v. Chr.

Josua kämpfte gegen den König von Hazor und brannte die Stadt nieder (Josua 11:1-13). Sicherlich können Archäologen bestätigen, dass Hazor niedergebrannt wurde, aber die Debatte darüber, wer es verbrannt hat, ist noch im Gange. Wie dem auch sei, die Stadt wurde Teil des Gebietes, das dem Stamm der Naphtali zugesprochen wurde, daher trägt der Kamm westlich der Stadt heute den Namen Naphtali Ridge. Sie ließen sich jedoch nicht sofort dort nieder, da Hazor für die Israeliten weiterhin ein Problem darstellte (Richter 4:2,17). Die Stadt wurde von Barak (Richter 4:23-24) sowie von der von Sisera geführten Armee (1. Samuel 12:9) eingenommen.

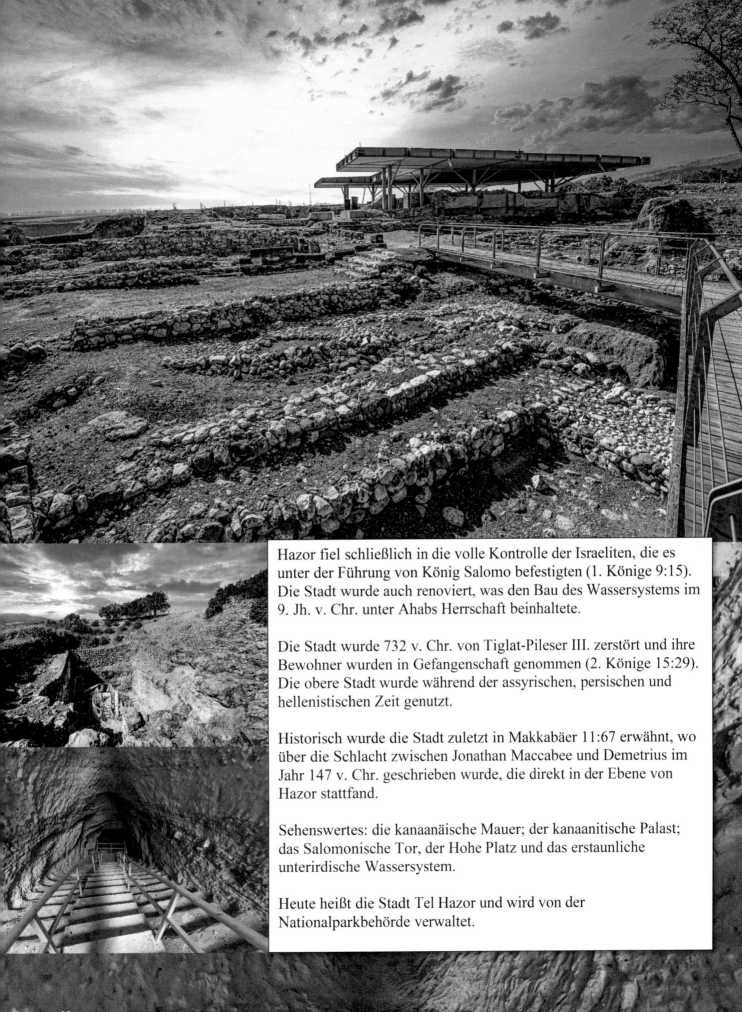

Hazor fiel schließlich in die volle Kontrolle der Israeliten, die es unter der Führung von König Salomo befestigten (1. Könige 9:15). Die Stadt wurde auch renoviert, was den Bau des Wassersystems im 9. Jh. v. Chr. unter Ahabs Herrschaft beinhaltete.

Die Stadt wurde 732 v. Chr. von Tiglat-Pileser III. zerstört und ihre Bewohner wurden in Gefangenschaft genommen (2. Könige 15:29). Die obere Stadt wurde während der assyrischen, persischen und hellenistischen Zeit genutzt.

Historisch wurde die Stadt zuletzt in Makkabäer 11:67 erwähnt, wo über die Schlacht zwischen Jonathan Maccabee und Demetrius im Jahr 147 v. Chr. geschrieben wurde, die direkt in der Ebene von Hazor stattfand.

Sehenswertes: die kanaanäische Mauer; der kanaanitische Palast; das Salomonische Tor, der Hohe Platz und das erstaunliche unterirdische Wassersystem.

Heute heißt die Stadt Tel Hazor und wird von der Nationalparkbehörde verwaltet.

HERODIUM

Es ist unmöglich, in diesen Teil der Welt zu kommen und nicht mindestens einmal Herodes des Großen zu sehen oder zu hören. Nicht nur, weil er auf den Seiten des jüdischen Historikers Flavius Josephus verewigt wurde, sondern auch durch die Architektur. Herodes war seiner Zeit voraus oder nach heutigen Maßstäben ein Genie. Es stimmt, dass er einige psychologische Probleme hatte, aber es würde den Rahmen dieses Buches sprengen, sie zu erklären. Weitere Informationen zu diesem Thema finden Sie im Bericht von Flavius.

Herodes der Große baute Meisterwerke, die zum ersten Mal in Judäa zu sehen waren, während andere nicht einmal in Rom selbst zu sehen waren. Er baute einen Hafen, wo es keinen natürlichen Hafen gab, machte einen Berg platt und schuf einen künstlichen Berg.

Das ist Herodium – ein künstlicher Berg, der seinen eigenen Namen trägt. Herodium ist jedoch nicht nur ein Berg, sondern ein Schloss-Festungs-Komplex. Er ist kilometerweit zu sehen und hatte alle Einrichtungen und Grandiositäten dieser Zeit von Badehäusern, Theater, Garten, Pools - was auch immer, Herodes baute es genau dort am Rande der Wüste. Wasser war in dieser Zeit ein Problem, aber er lieferte Wasser über Aquädukte.

Herodes der Große starb 4 v. Chr., als der Palast einem seiner Söhne, Archelaus, unterstand. Letzterer wurde schließlich nach einigen Jahren von den Römern und Judäern aus dem Amt entfernt, als es stattdessen von

Obwohl Herodes in seinem anderen Palast in Jericho starb, wählte er Herodium als seine Ruhestätte. Dies spielte eine wichtige Rolle während der Ersten Revolte, die 66 n. Chr. mit der Zerstörung Jerusalems 70 n. Chr. begann. Herodium wurde von den Rebellen eingenommen und fiel ein Jahr später. Dies war jedoch nicht das letzte Mal, dass Herodium zu einer Hochburg wurde, da sich die Rebellengeschichte während der Zweiten Rebellion (132-135 n. Chr.) wiederholte.

Dieses Mal zirkulierte die neue Rebellengruppe innerhalb des Berges über die Wasserzisternen, die darunter gebaut wurden, indem Tunnel gegraben wurden, um eine Zisterne mit einer anderen zu verbinden. Diese Erfahrung, sie zu passieren, dürfen Sie nicht verpassen.

Die Römer beendeten diese Rebellionen und übernahmen die Kontrolle über den gesamten Komplex. Während der byzantinischen Zeit wurde am Fuße des Berges ein christliches Dorf mit drei Kirchen, einem Kloster und einer Kapelle auf der Spitze wieder aufgebaut. Dies endete schließlich im 7. Jh. n. Chr. mit der persischen Invasion, die Kirchen und Klöster zerstörte.

Professor Ehud Netzer von der Hebräischen Universität studierte die meiste Zeit seines Lebens Herodes dem Großen. Im Jahr 2007 fand er einen schwer beschädigten, aber kunstvollen Steinsarg, der vermutlich Herodes dem Großen gehörte. Leider verstarb der Professor an den Folgen der Verletzungen, als er durch das Römische Theater fiel. Heute wird Herodium von der Nationalparkbehörde verwaltet.

JAFFA

Auch bekannt als Japho, Yafo oder Joppe, ist es ein alter Hafen, der so alt ist wie die Stadt Jerusalem (siehe Buch "Jerusalem of Gold" vom gleichen Autor). Beide sind seit Jahrtausenden verbunden. In der Antike war Jaffa der am nächstgelegene Hafen der Heiligen Stadt. Jaffa wurde im ägyptischen Hinrichtungstext aus dem 18. Jh. v. Chr. erwähnt, im 15. Jh. v. Chr. von Thutmosis III. erobert und auch in den Amarna-Briefen erwähnt. Jaffa und Jerusalem wurden so oft zerstört, dass ihre Eroberer Fußabdrücke auf den Seiten der Geschichte sowie in den von ihnen hinterlassenen Steinen hinterlassen haben.

Die Stadt liegt in der Küstenebene des Mittelmeers an der antiken Via Maris (alter Handelsweg des Meeres). In der Antike wurde Jaffa dem Stamm Dan gegeben, der nicht daran dachte, dafür zu kämpfen, stattdessen machten sie sich auf den Weg in den Norden des Landes (Josua 19:46).

Durch diesen Hafen transportierte König Salomo das Zedernholz vom Libanon nach Jerusalem, um den Tempel zu bauen (2. Chronik 2:16).

Eine der bekanntesten biblischen Geschichten über den Propheten Jona war mit diesem Hafen verbunden. Gott befahl Jona ins alte Ninive (heute Irak genannt) zu gehen, aber er gehorchte nicht und entschied sich stattdessen, nach Westen nach Tarsis zu gehen und kam zum Hafen von Japho (Jona 1:3). Lesen Sie den Rest der Geschichte in der Bibel in dem Buch Jona. Jaffa wurde, wie viele judäische Städte, im 8. Jh. v. Chr. von den Assyrern und danach von jedem darauffolgenden Reich kontrolliert. Über den Hafen von Japho brachte Esra auch die Materialien, die für den Wiederaufbau des Tempels in Jerusalem benötigt wurden, nachdem dieser 586 v. Chr. von den Babyloniern zerstört wurde (Esra 3:7).

Anschließend wurde Jaffa weiterhin als Hafen genutzt und von einem Reich nach dem anderen, sogar von Alexander dem Großen und seinen Nachfolgern, übernommen.

Es war auch Teil des Hasmonäischen Königreichs im 2. Jh. v. Chr., einschließlich des von Herodes dem Großen. König Herodes beschloss jedoch, in einen anderen Hafen zu investieren (siehe Caesarea [Maritima]).

Eine bekannte Geschichten des Neuen Testaments, in denen der Hafen von Jaffa erwähnt wird, steht in der Apostelgeschichte. Petrus, ein Jünger Jesu', erweckte ein junges Mädchen namens Tabitha zum Leben (Apostelgeschichte 9:36-42).

Die bedeutendste neutestamentliche Geschichte, die in Jaffa passierte, war die Vision des Petrus in Apostelgeschichte 10. Diese Geschichte wurde lange Zeit von Strömungen des Christentums und des Judentums falsch interpretiert, aber der Text ist klar und gibt die Interpretation selbst.

Es geht nicht um jüdische Anhänger von Jesus, die jetzt unreine Nahrung (oder nicht-koscheres Essen) essen können, noch ging es darum, dass Petrus vom Judentum in eine neue Religion
(Christentum) abweicht. Vielmehr bedeutete die Vision, dass Heiden im Reich Gottes willkommen sind und Er machte keine Ausnahme zwischen den Rassen – wie Paulus sie nannte, Teilhaber des Segens Israels (Epheser 3:6).

Jaffa wurde noch während der römisch-byzantinischen-frühmuslimischen Ära sowie während der Zeit der Kreuzfahrer und darüber hinaus verwendet.

Nach dem Untergang der Kreuzfahrer Ende des 13. Jh. n. Chr. wurde Jaffa von den Mamluken als Hafen für die Stadt Ramla genutzt. Während der osmanischen Ära wurden hier Kirchen auf der alten Kreuzfahrerzitadelle wieder aufgebaut, wie zum Beispiel die Sankt Peter Kirche.

Heute ist die südlich von Tel Aviv gelegene Stadt Jaffa ein wunderschöner Ort für einen Besuch - um durch die engen Gassen zu schlendern, ihre antiken Ruinen zu sehen, zu ihren christlichen Institutionen zu gehen, ihre vielen Cafés und Restaurants zu genießen und natürlich die schöne Aussicht auf das Meer und die moderne Stadt Tel Aviv.

Über diesen faszinierenden alten Hafen kann noch mehr gesagt werden, aber das würde den Rahmen dieses Buches sprengen. Entdecken Sie seine Galerien und traditionellen Orte, darunter das Haus von Simon dem Gerber (Apostelgeschichte 10).

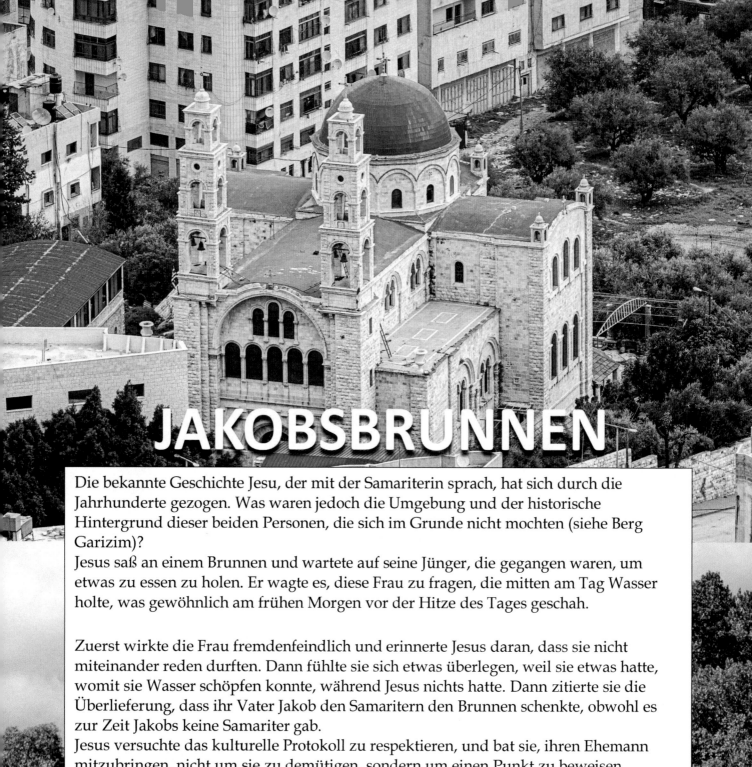

JAKOBSBRUNNEN

Die bekannte Geschichte Jesu, der mit der Samariterin sprach, hat sich durch die Jahrhunderte gezogen. Was waren jedoch die Umgebung und der historische Hintergrund dieser beiden Personen, die sich im Grunde nicht mochten (siehe Berg Garizim)?

Jesus saß an einem Brunnen und wartete auf seine Jünger, die gegangen waren, um etwas zu essen zu holen. Er wagte es, diese Frau zu fragen, die mitten am Tag Wasser holte, was gewöhnlich am frühen Morgen vor der Hitze des Tages geschah.

Zuerst wirkte die Frau fremdenfeindlich und erinnerte Jesus daran, dass sie nicht miteinander reden durften. Dann fühlte sie sich etwas überlegen, weil sie etwas hatte, womit sie Wasser schöpfen konnte, während Jesus nichts hatte. Dann zitierte sie die Überlieferung, dass ihr Vater Jakob den Samaritern den Brunnen schenkte, obwohl es zur Zeit Jakobs keine Samariter gab.

Jesus versuchte das kulturelle Protokoll zu respektieren, und bat sie, ihren Ehemann mitzubringen, nicht um sie zu demütigen, sondern um einen Punkt zu beweisen. Irgendetwas musste Ihm gezeigt haben, dass sie keine bescheidene Frau war. Sie vermied den Klatsch der anderen Frauen und die Verlegenheit, indem sie sich dafür entschied, mitten an einem heißen Tag ganz allein zu kommen.

Bei ihrem letzten Versuch und dem Eintritt in die theologische Arena erinnerte die Frau Jesus daran, dass der Berg Garizim der Ort der Anbetung war und nicht Jerusalem. Jesus erinnerte sie daran, dass die Samariter nicht wussten, was sie anbeten und dass die Erlösung von den Juden ist – beachten Sie, dass Jesus nicht im Singular, sondern im Plural sprach (Johannes 4:22).

Schließlich verstand sie, dass Jesus derjenige war, von dem Moses und die Propheten zuvor als der verheißene Messias gesprochen hatten.

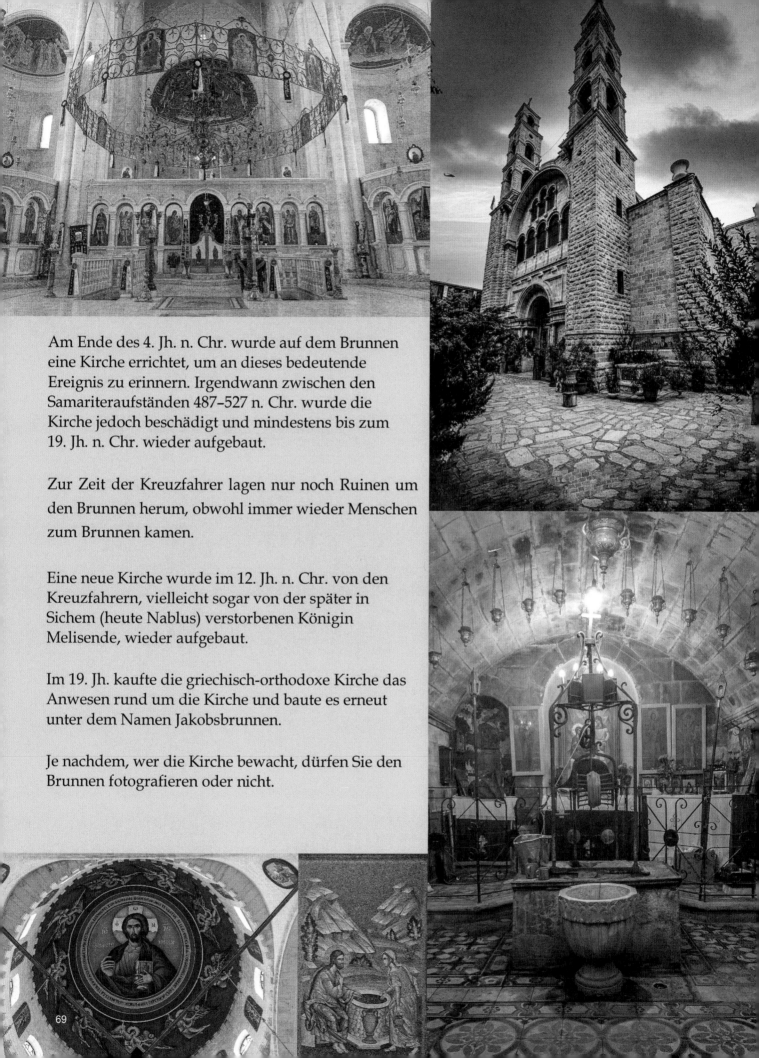

Am Ende des 4. Jh. n. Chr. wurde auf dem Brunnen eine Kirche errichtet, um an dieses bedeutende Ereignis zu erinnern. Irgendwann zwischen den Samariteraufständen 487–527 n. Chr. wurde die Kirche jedoch beschädigt und mindestens bis zum 19. Jh. n. Chr. wieder aufgebaut.

Zur Zeit der Kreuzfahrer lagen nur noch Ruinen um den Brunnen herum, obwohl immer wieder Menschen zum Brunnen kamen.

Eine neue Kirche wurde im 12. Jh. n. Chr. von den Kreuzfahrern, vielleicht sogar von der später in Sichem (heute Nablus) verstorbenen Königin Melisende, wieder aufgebaut.

Im 19. Jh. kaufte die griechisch-orthodoxe Kirche das Anwesen rund um die Kirche und baute es erneut unter dem Namen Jakobsbrunnen.

Je nachdem, wer die Kirche bewacht, dürfen Sie den Brunnen fotografieren oder nicht.

JERICHO

Dies ist eine der Stätte, die ihr eigenes Buch verdient. Jerichos ganze Geschichte geht über den Rahmen dieses Buches hinaus; daher werden wir nur die relevantesten in Stichpunkten behandeln. Jericho gilt als die niedrigste (250 Meter unter dem Meeresspiegel) und älteste Stadt (ca. 10.000 Jahre) der Welt. Sie liegt im Jordantal etwa 10 km nördlich des Toten Meeres und 6 km westlich des Jordan.

Die Überreste des antiken Jerichos sind als Tell es-Sultan bekannt, ein Erdhügel mit verschiedenen Schichten alter Zivilisationen. Seit den großen Ausgrabungen im 20. Jh. durch John Garstang (1930-1936) und Kathleen Kenyon (1952-1956) gibt es große Meinungsverschiedenheiten darüber, ob die biblische Geschichte von Joshua und Jericho hier stattgefunden hat oder nicht. Garstang argumentierte, dass es tatsächlich Jericho war, aber Kenyon betrachtete dies als Mythos, der auf der Lesart von Keramik und materieller Kultur beruhte.

Garstang behauptete, er habe Materialien aus der Spätbronzezeit (d. h. der Zeit von Joshua und den Richtern) gefunden, aber Kenyon argumentierte, sie habe nichts aus der Spätbronzezeit gefunden, da sie bereits in der Mittleren Bronzezeit zerstört und verlassen wurde. Dieser Streit unter Wissenschaftlern hat sich bis heute fortgesetzt, die neuesten Ausgräber der Stätte zum Zeitpunkt der Erstellung dieses Buches – die Universität Sapienza in Rom und die palästinensische Abteilung für Altertümer und Kulturerbe – stimmen Kenyon zu. Beim Besuch der Stätte wird dringend empfohlen, sich die audiovisuelle Präsentation anzusehen, um diesen wichtigen Ort besser zu verstehen.

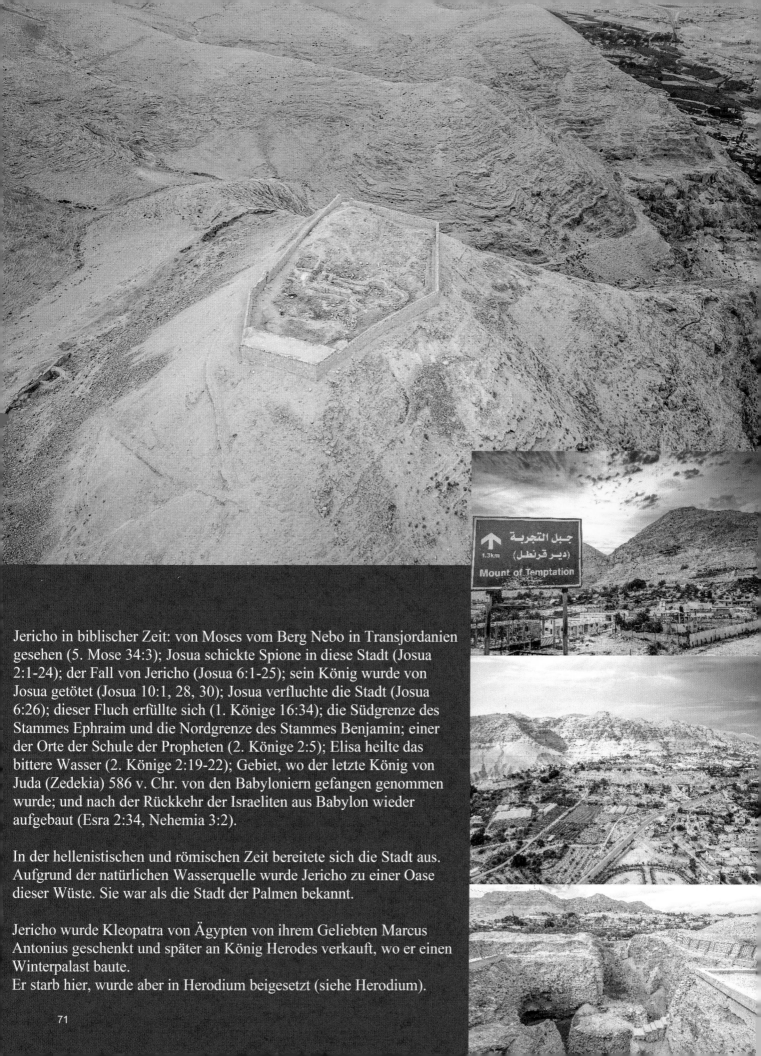

Jericho in biblischer Zeit: von Moses vom Berg Nebo in Transjordanien gesehen (5. Mose 34:3); Josua schickte Spione in diese Stadt (Josua 2:1-24); der Fall von Jericho (Josua 6:1-25); sein König wurde von Josua getötet (Josua 10:1, 28, 30); Josua verfluchte die Stadt (Josua 6:26); dieser Fluch erfüllte sich (1. Könige 16:34); die Südgrenze des Stammes Ephraim und die Nordgrenze des Stammes Benjamin; einer der Orte der Schule der Propheten (2. Könige 2:5); Elisa heilte das bittere Wasser (2. Könige 2:19-22); Gebiet, wo der letzte König von Juda (Zedekia) 586 v. Chr. von den Babyloniern gefangen genommen wurde; und nach der Rückkehr der Israeliten aus Babylon wieder aufgebaut (Esra 2:34, Nehemia 3:2).

In der hellenistischen und römischen Zeit bereitete sich die Stadt aus. Aufgrund der natürlichen Wasserquelle wurde Jericho zu einer Oase dieser Wüste. Sie war als die Stadt der Palmen bekannt.

Jericho wurde Kleopatra von Ägypten von ihrem Geliebten Marcus Antonius geschenkt und später an König Herodes verkauft, wo er einen Winterpalast baute.
Er starb hier, wurde aber in Herodium beigesetzt (siehe Herodium).

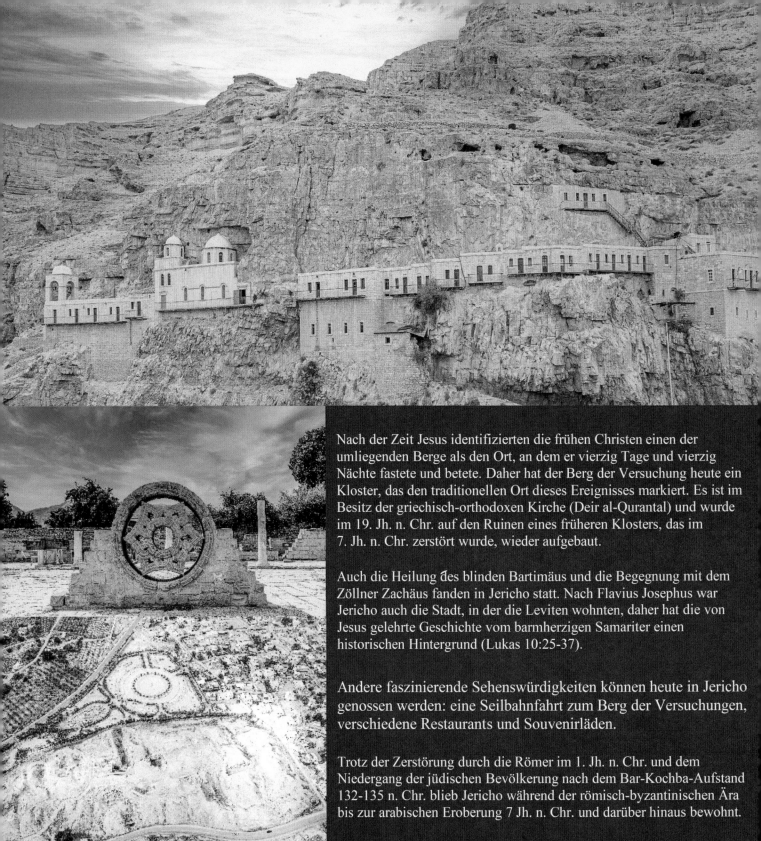

Nach der Zeit Jesus identifizierten die frühen Christen einen der umliegenden Berge als den Ort, an dem er vierzig Tage und vierzig Nächte fastete und betete. Daher hat der Berg der Versuchung heute ein Kloster, das den traditionellen Ort dieses Ereignisses markiert. Es ist im Besitz der griechisch-orthodoxen Kirche (Deir al-Qurantal) und wurde im 19. Jh. n. Chr. auf den Ruinen eines früheren Klosters, das im 7. Jh. n. Chr. zerstört wurde, wieder aufgebaut.

Auch die Heilung des blinden Bartimäus und die Begegnung mit dem Zöllner Zachäus fanden in Jericho statt. Nach Flavius Josephus war Jericho auch die Stadt, in der die Leviten wohnten, daher hat die von Jesus gelehrte Geschichte vom barmherzigen Samariter einen historischen Hintergrund (Lukas 10:25-37).

Andere faszinierende Sehenswürdigkeiten können heute in Jericho genossen werden: eine Seilbahnfahrt zum Berg der Versuchungen, verschiedene Restaurants und Souvenirläden.

Trotz der Zerstörung durch die Römer im 1. Jh. n. Chr. und dem Niedergang der jüdischen Bevölkerung nach dem Bar-Kochba-Aufstand 132-135 n. Chr. blieb Jericho während der römisch-byzantinischen Ära bis zur arabischen Eroberung 7 Jh. n. Chr. und darüber hinaus bewohnt.

Während des Umayyaden-Reiches wurde unweit von Tell es-Sultan ein wunderschöner Palast mit unglaublicher Architektur und Mosaikböden gebaut. Der Palast des Hischam wurde nach einem schweren Erdbeben zerstört, das 749 n. Chr. viele Städte in der südlichen Levante beschädigte und dem Umayyaden-Reich ein Ende setzte. Zum Zeitpunkt der Erstellung dieses Buches untersteht Jericho der Zuständigkeit der Palästinensischen Autonomiebehörde und wurde als Gebiet A klassifiziert.

JORDAN
(JARDENIT)

Die Stelle liegt im südlichen Teil des See Genezareth und wurde als Alternative für Christen geschaffen, um die Taufe zu erleben oder ihr Taufgelübde zu erneuern. Dies geschah, weil der Zugang zu Qasr al-Yahud jahrzehntelang aufgrund von Landminen, die Israel nach dem Krieg hinterlassen hatte, verboten war.

Die Taufe oder das Eintauchen in Wasser während der Zeit Jesus hatte eine andere Bedeutung: Unreinheit – bevor man in den Tempel vor die Gegenwart Gottes ging (was nichts mit Sünde zu tun hatte), musste sich eine Person reinigen; Bekehrung - wenn ein Nichtjude zum Judentum konvertierte, war einer der Schritte das Untertauchen in Wasser; nationale Buße - Jom Kippur oder der Versöhnungstag, als Nation reinigte sich das Volk, um seinem Schöpfer zu begegnen; Buße - praktiziert von Johannes dem Täufer, und die einzige, die die Christen für sich selbst übernommen haben.

Die ersten drei werden noch heute von orthodoxen Juden praktiziert. Hinweis: Diesmal gibt es keine Kindertaufe oder gegenseitiges Eintauchen in Wasser (das ist eine protestantische Tradition); Die frühen Christen ahmten jahrhundertelang nach, was in der späten Zeit des Zweiten Tempels getan wurde, d. h. das Untertauchen in Wasser als (nackte) Erwachsene.

JORDAN
(QASR AL-YAHUD)

Der Jordan wird von drei großen Flüssen gespeist: Dan, Banias und Hasbani (heute Libanon). Er speist den See Genezareth und verlässt den Süden, macht seinen Weg in die Judäische Wüste und endet nördlich des Toten Meeres.

Im Laufe der Geschichte bis heute diente er als Grenze zwischen Stämmen, Königreichen und modernen Ländern. Mehrere biblische Charaktere durchquerten auch seine Gewässer.

Die frühen Christen erinnerten sich an mehrere der wichtigsten dieser Übergänge und Ereignisse. Zum Beispiel die Überfahrt der Israeliten in das Gelobte Land (4. Mose 33:51; 35:10). Sein Wasser teilte sich in zwei Teile, als die Priester dastanden, während die Bundeslade hinübergetragen wurde (Josua 3:17).

Jahrhunderte später tat der Prophet Elia dasselbe in diesem Fluss, wo er in einem feurigen Wagen auf zum Himmel fuhr (2. Könige 2:6-11).

Johannes taufte in den Wassern des Jordans, genauer gesagt in Bethanien jenseits des Jordans (Johannes 1:28; 3:26).

Das bedeutendste Ereignis für frühe und moderne Christen war die Taufe Jesus durch seinen Cousin Johannes im Wasser des Jordan (Matthäus 3:13-17). Die Art und Weise, wie Matthäus von diesem Ereignis berichtete, erzählt von der Bedeutung des Dienstbeginnes des Messias.

Die Wasser teilten sich vor den Priestern, die die Bundeslade trugen, und den Propheten Elia und Elisa, als Symbol dafür, dass sich auch der Himmel teilte – ein Zeichen dafür, dass mehr als ein Prophet anwesend war. Die Stimme, die bestätigt, wer der Messias war (Psalm 2:7) –

"Du bist mein Sohn…" und der Prophet Jesaja der über den Diener des Herrn spricht: "Siehe, das ist mein Knecht, den ich erhalte, mein Auserwählter, an dem meine Seele Wohlgefallen hat." (Jesaja 42:1).

In den letzten zwei Jahrtausenden erinnerten sich Milliarden Christen an solche Ereignisse und feierten sie und viele Millionen mehr kamen immer wieder an dieses Wasser, um ihr Glaubensbekenntnis vor der Welt zu feiern und zu gedenken.

Kirchen und Klöster wurden auf Gebieten in der Nähe des Jordan gebaut, aber leider wurden diese während der persischen Invasion 614-628 n. Chr. zerstört. Trotz der Zerstörung hielt dies Christen nicht davon ab, in die Gegend zu kommen, außer nach dem Unabhängigkeitskrieg von 1948. Das Gebiet war bis 1967 (oder Sechstagekrieg) in jordanischer Hand, so dass diejenigen, die kamen, dies über die Ostseite des Jordans taten.

Während dieser Zeit wurde im Norden des See Genezareth ein Ausweichstandort geschaffen (siehe Jordan [Jardenit]). Seit 2011 können Christen in die Gewässer des Jordans im südlichen Teil zurückkehren, bevor er ins Tote Meer mündet. Leider ist dieses Gebiet nicht mehr das, was es einmal war, da es in letzter Zeit um etwa 90 % geschrumpft ist.

Bekannt als Qasr al-Yahud oder Taufstelle, wird er von der Nationalparkbehörde betrieben. Zum Zeitpunkt der Erstellung dieses Buches ist der Eintritt frei.

KRFR KANA

(KANA)

Das Buch Johannes erzählt uns vom ersten Wunder Jesu, die Verwandlung von Wasser zu Wein. Er, seine Mutter und seine Jünger waren zu einer Hochzeit eingeladen, die an einem Dienstag (dritter Tag) stattfand – an diesem Tag zu heiraten ist eine alte jüdische Tradition (vor allem unter orthodoxen Juden), die bis heute fortbesteht. Während der Zeremonien, die normalerweise einige Tage dauerten (diese Tradition wird auch heute noch bei den in der Wüste lebenden Beduinen gepfelgt), stellten sie fest, dass der Wein ausgegangen war. Eine solche Situation war für den Organisator und Zeremonienmeister eine große Peinlichkeit. Irgendwie kam Maria, die Mutter Jesus, ins Spiel: Vielleicht weil sie eine nahe Verwandte war? Wir wissen es nicht, aber wir kennen das Ergebnis – sie bat ihren Sohn, etwas dagegen zu unternehmen. Und Marias Befehl an die Diener und an uns heute lautet: "Was er (Jesus) euch sagt, das tut!".

Das Wunder geschah, als die Materie (d. h. Wasser) in eine andere Substanz (d. h. Wein) verwandelt wurde und es schließlich ein besserer Wein war als der, den sie zuerst serviert hatten. Er tat dies, damit seine Jünger an ihn glaubten (Johannes 2,1-11). Theologen gehen heute davon aus, dass die Anwesenheit Jesus bei der Hochzeit symbolisiert, dass Er die Vereinigung von Mann und Frau segnet, wie es der Schöpfer von Anfang an beabsichtigt hat. Dies veranlasst viele Christen, die heute nach Kafr Kana kommen, sich nicht nur an das erste Wunder des Meisters zu erinnern und zu gedenken, sondern auch ihr Eheversprechen zu erneuern. Kana in Galiläa ist jedoch einer der Orte, über dessen Lage wir nicht sicher sind. In den vergangenen zwei Jahrtausenden haben die Christen den Ort an verschiedene Stellen verlegt. Es gibt

Bevor in diesem Buch die drei Orte vorgestellt werden, ist zu beachten, dass Galiläa keine Stadt ist, sondern ein geografisches Gebiet, das heute in Obergaliläa und Untergaliläa unterteilt ist.

Geografische Gebiete kümmern sich nicht um politische Grenzen, d. h., Obergaliläa liegt heute nördlich von Israel und südlich vom Libanon.

Es gibt Qana im Südlibanon (Obergaliläa), wo sich nach Ansicht der örtlichen Christen das Kana des Johannesevangeliums befindet. Es gibt Khirbet Kana in der Nähe des Beth-Netofa-Tals in Untergaliläa und Kafr Kanna, ebenfalls in Untergaliläa, einige Kilometer nördlich von Nazareth.

Qana in Obergaliläa wurde von Eusebius, einem der Kirchenväter im 4. Jh. n. Chr., in seinem Onomastikon bevorzugt. Der Pilger aus Piacenza (um 570 n. Chr.) war bei seinem Besuch in Kana in der Nähe von Sepphoris und Nazareth am ausführlichsten, wo sich heute Kafr Kana und Khirbet Kana befinden.

Heute wird Khirbet Kana von Gelehrten und den einheimischen arabischen Christen der Stadt bevorzugt, mit denen der Autor dieses Buches das Vergnügen hatte, auf einer seiner vielen Reisen in die Gegend zu sprechen. Gelehrte neigen dazu, sie aufgrund der materiellen Kultur, die sie in den Ruinen von Kana (Khirbet bedeutet auf Arabisch: Ruinen) gefunden haben, und aufgrund von Schriften aus dem Mittelalter (12. Jh. n. Chr.) zu akzeptieren.

Kafr Kana ist die bisher am meisten besuchte und die jüngste Tradition unter den dreien - die Franziskaner erwarben den Besitz und den Segen des Vatikans im 19. Jh. n. Chr., obwohl sie schon Jahrhunderte zuvor in diesem Dorf präsent waren.

Die heutige Kirche wurde 1881 erbaut und in den Jahren 1897-1905 erweitert, so dass das, was sich unter der Kirche befand, ans Licht kam.

Häuser aus dem 1.-4. Jh. n. Chr., eine Synagoge aus dem 4.-5. Jh. n. Chr., Gräber aus dem 5.-6. Jh. (byzantinisch) und Gebäude aus dem Mittelalter um das 14. Jh. n. Chr. können heute besichtigt werden.

Auf der Ebene der Synagoge und des Mosaikbodens wurden Texte in aramäischer Sprache gefunden, in denen dem Stifter des Mosaiks gedankt wird: "Gesegnet sei das Andenken an Joseph, den Sohn von Talhum, dem Sohn von Butah, und seine Söhne, die dieses Bild (d. h. das Mosaik) gemacht haben. Segen sei auf ihnen."

Heute steht die Kirche des ersten Wunders unter der Obhut der Franziskaner. Besuchen Sie deren Website, um die Öffnungszeiten zu erfahren oder um eine Liturgie oder Zeremonie zu vereinbaren.

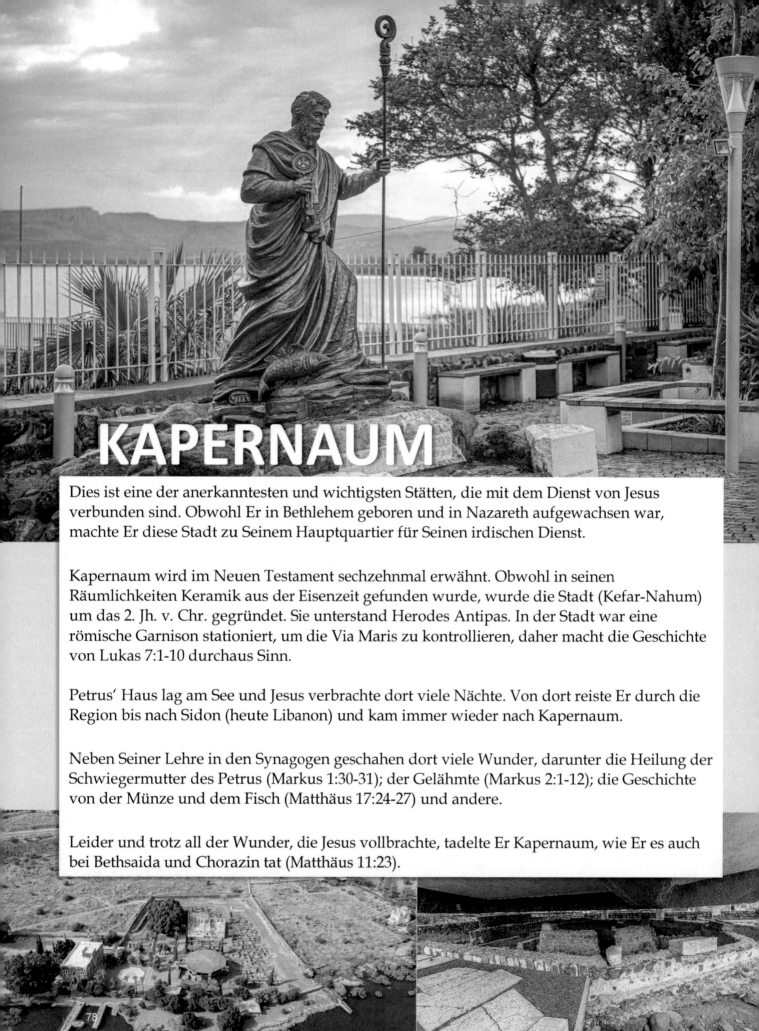

KAPERNAUM

Dies ist eine der anerkanntesten und wichtigsten Stätten, die mit dem Dienst von Jesus verbunden sind. Obwohl Er in Bethlehem geboren und in Nazareth aufgewachsen war, machte Er diese Stadt zu Seinem Hauptquartier für Seinen irdischen Dienst.

Kapernaum wird im Neuen Testament sechzehnmal erwähnt. Obwohl in seinen Räumlichkeiten Keramik aus der Eisenzeit gefunden wurde, wurde die Stadt (Kefar-Nahum) um das 2. Jh. v. Chr. gegründet. Sie unterstand Herodes Antipas. In der Stadt war eine römische Garnison stationiert, um die Via Maris zu kontrollieren, daher macht die Geschichte von Lukas 7:1-10 durchaus Sinn.

Petrus' Haus lag am See und Jesus verbrachte dort viele Nächte. Von dort reiste Er durch die Region bis nach Sidon (heute Libanon) und kam immer wieder nach Kapernaum.

Neben Seiner Lehre in den Synagogen geschahen dort viele Wunder, darunter die Heilung der Schwiegermutter des Petrus (Markus 1:30-31); der Gelähmte (Markus 2:1-12); die Geschichte von der Münze und dem Fisch (Matthäus 17:24-27) und andere.

Leider und trotz all der Wunder, die Jesus vollbrachte, tadelte Er Kapernaum, wie Er es auch bei Bethsaida und Chorazin tat (Matthäus 11:23).

Archäologische Überreste deuten heute darauf hin, dass die Stadt während der römischen und byzantinischen Zeit weiter blühte. Vor allem ein Haus wurde bereits im 1. Jh. n. Chr. als Treffpunkt von anderen abgegrenzt.

Indizien und frühchristliche Traditionen scheinen darauf hinzuweisen, dass das Haus des Petrus zuerst zum Treffpunkt für frühere Gläubige und Anhänger Jesus' wurde. Später im 4. Jh. n. Chr. verwandelte sich dieses Treffen in das, was einige Gelehrte für die erste Ekklesia (Kirche) halten, die im 5. Jh. n. Chr. expandierte.

Während dieser Zeit beherbergten zwei Gemeinden die Anhänger Jesus' und die jüdische Gemeinde in ihrer Synagoge. Die Synagoge stammt nicht aus dem 1. Jh. n. Chr. und ist nicht älter als das 4. Jh. n. Chr.. Nach den persischen und arabischen Invasionen im 7. Jh. n. Chr. verfiel die Stadt, so dass die Kreuzfahrer im 12. Jh. n. Chr. sich nicht darum gekümmert haben, sie wieder aufzubauen und zu befestigen.

Dank der Franziskaner (katholischer Orden aus dem 13. Jh. n. Chr.) können wir diesen Ort, der sowohl für das Leben der früheren Gläubigen Jesu als auch für die jüdische Gemeinde von Bedeutung ist, genießen und besuchen.

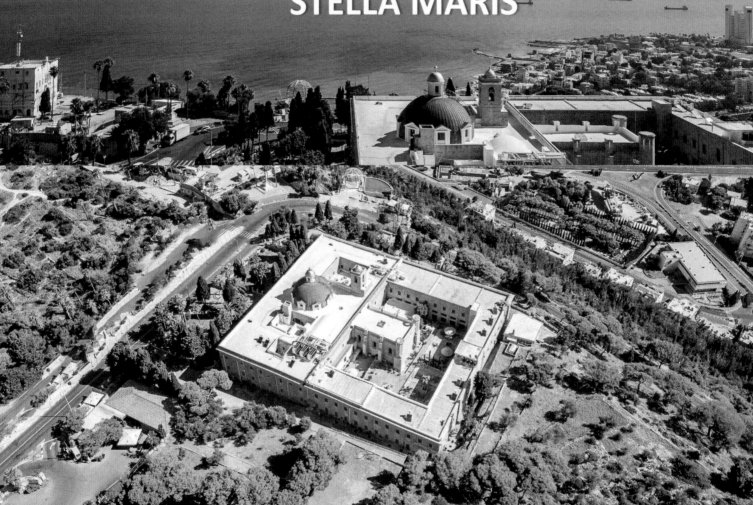

KARMELITENKLOSTER

STELLA MARIS

Das Kloster befindet sich in der modernen Stadt Haifa nordwestlich des Berges Karmel. Der Karmeliterorden ist der Hüter des Heiligtums (siehe Berg Karmel [Muchraka]).

Das ursprüngliche Kloster wurde zunächst auf einer Höhle errichtet, die einer mittelalterlichen Überlieferung zufolge eine der Höhlen war, die der Prophet Elia benutzt hatte. Als das Zweite Königreich von Jerusalem 1291 n. Chr. fiel, waren die Karmeliter gezwungen, das Heilige Land zu verlassen und gingen nach Europa, wo sie aufblühten, aber ihren Ursprung nicht vergaßen.

Als sie 1631 zurückkehrten, bauten sie ein bescheidenes Kloster in der Nähe des heutigen Leuchtturms. Doch ein Jahrhundert später befahl der unabhängige Herrscher von Galiläa, Zahir al-Umir, ihnen, das Land zu verlassen, und zerstörte ihr Kloster.

Die Mönche zogen an den heutigen Standort um, indem sie zunächst die Trümmer der früheren Kirche abtrugen, die in byzantinischer Zeit oberhalb der Höhle gestanden hatte.

Die Kirche wurde während des Feldzugs Napoleons im Jahr 1799 schwer beschädigt. Zur gleichen Zeit wurde Napoleon in Akko besiegt und kehrte nach Europa zurück.

Seine verwundeten Soldaten wurden zurückgelassen und von türkischen Soldaten abgeschlachtet, und die Mönche wurden aus dem Kloster evakuiert, weil sie ihnen gedient hatten. Aus diesem Grund befindet sich vor der Kirche ein Denkmal zu Ehren der verwundeten französischen Soldaten, die von den Türken getötet wurden, während sie verletzt und krank waren.

Das war aber noch nicht alles. Im Jahr 1821 ordnete Abdulla Pascha von Akkon die vollständige Zerstörung des Klosters an, damit es nicht länger als Flüchtlingslager für seine Feinde dienen konnte.

Das Mauerwerk wurde später für den Bau eines noch heute bestehenden Sommerhauses und eines Leuchtturms verwendet, den die Karmeliterinnen 1831 kauften. 1836 wurde die heutige Kirche wieder aufgebaut.

KATZRIN

Das antike Katzrin war eines der fünfundzwanzig talmudischen Dörfer aus dem 2. bis 8. Jh. n. Chr., die auf den Golanhöhen gefunden wurden. Es wurde in bescheidener Weise aus lokalen Basaltsteinen erbaut. Wie in Syrien hing die Haupteinnahmequelle von Katzrin von der Olivenölproduktion und dem Export über die Grenze hinaus ab.

Aufgrund des mangelnden Schutzes entlang der Handelsroute, einer Epidemie und eines schweren Erdbebens im Jahr 749 n. Chr. wurde das Dorf aufgegeben. Während der Mamlukenzeit vom 14.-15. Jh. n. Chr. entwickelte sich jedoch eine kleine muslimische Gemeinde in der Gegend.

In der Nähe des Parkeingangs befinden sich heute die beiden Steinhäuser, die von Beduinen aus dem Norden genutzt wurden, die nach dem Sechs-Tage-Krieg von 1967 das Gebiet verließen.

In den frühen 1970er Jahren wurde das Golangebiet erkundet, wobei viele antike Schätze gefunden wurden, so auch die Synagoge im Dorf, die teilweise restauriert wurde und zu den am besten erhaltenen auf den Golanhöhen gehört.

Die Anwohner investierten in die Synagoge, um ein wunderschön dekoriertes Gebäude als wichtigstes öffentliches Gebäude des Dorfes zu erhalten. Die Synagoge ist auch in Richtung Jerusalem ausgerichtet. Das Gebäude war hoch genug, um im ganzen Dorf gesehen zu werden.

Sie wurde täglich für Gebete, Tora-Lesungen und Diskussionen genutzt. Heute wird sie für besondere Anlässe wie Hochzeiten und Bar Mitzvah (ein 13-jähriger Junge, der vor Gott Verantwortung für sein Handeln übernimmt) genutzt.

Eines der restaurierten Häuser gehörte einst Rabbi Abum. Es galt als durchschnittliches Haus dieser Zeit und verfügte über eine Kochnische, ein Schlafzimmer im zweiten Stock, eine Wohnhalle, die zum Empfang von Besuchern und nachts als Schlafzimmer für die Kinder genutzt wurde, eine ausgeklügelte Deckentechnik und einen Hof, in dem Kleintiere wie Hühner, Ziegen und Tauben gehalten wurden.

Das Dorf wurde in der Nähe einer Quelle errichtet, an der die Bewohner ihr Wasser holten, ihre Kleidung wuschen und ein Bad nahmen. Ethnografische Untersuchungen der Gegend ergaben eine geschätzte Zahl von siebzig Familien. In der Nähe der Synagoge befand sich der Marktplatz, auf dem die Dorfbewohner ihre Geschäfte abwickelten.

Wenn Sie die Stätte besuchen, sollten Sie unbedingt das Gebäude mit der talmudischen Erfahrung gleich neben der Ölpresse besichtigen.

Informationen zu Öffnungszeiten und Eintrittspreisen finden Sie auf der Website des antiken Dorfes Katzrin.

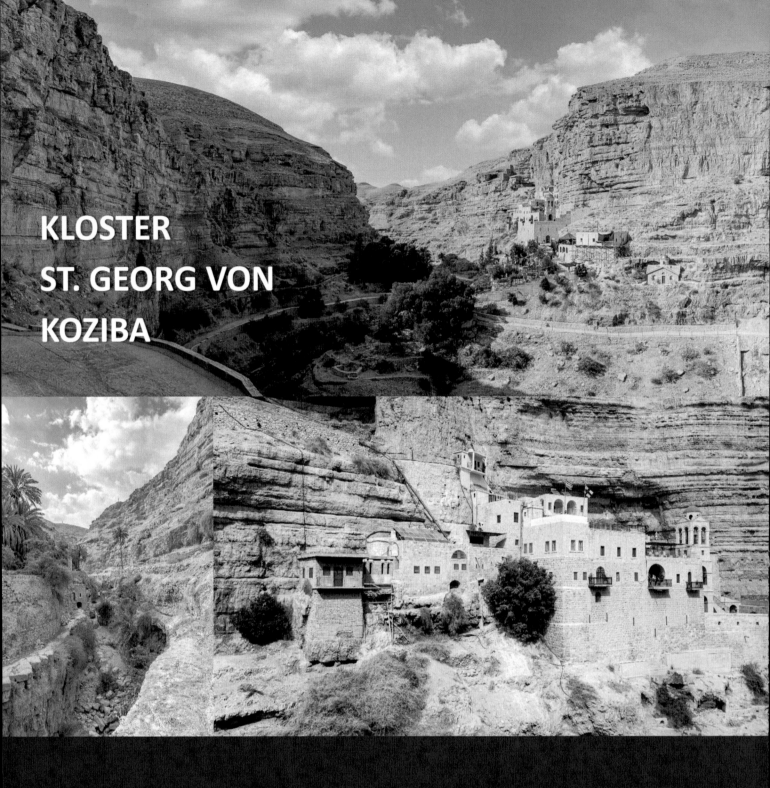

KLOSTER ST. GEORG VON KOZIBA

Das auch als Johannes Jakob von Koziba bekannte Kloster liegt in der judäischen Wüste und verläuft parallel zur alten Straße von Jerusalem nach Jericho, die Jesus zu seiner Geschichte vom barmherzigen Samariter inspirierte.

Das Kloster hängt an der Klippe des Wadi Qelt und bietet einen atemberaubenden Ausblick. Es begann als Laura im frühen 5. Jh. n. Chr. mit ein paar Mönchen, die in der Wüste Gott und sich selbst suchten. Sie lebten in einer der Höhlen, von der sie glaubten, dass es sich um die Höhle des Propheten Elia handelte, in der er auf seinem Weg zur Sinai-Halbinsel von Raben gefüttert wurde (1. Könige 17:5-6).

Die Eremiten aus den nahen gelegenen Höhlen trafen sich einmal in der Woche zum Gebet und zu gemeinsamen Mahlzeiten. Um 480 n. Chr. wurde das Kloster von Johannes von Theben gegründet, der aus Ägypten kam. Tragischerweise wurde das Kloster im Jahr 614 n. Chr. von den Persern zerstört, die die darin lebenden Mönche massakrierten.

Ende des 6. Jh. n. Chr. wurde jedoch der heilige Georg von Koziba, der berühmteste der dort lebenden Mönche, der das persische Massaker überlebte, gezwungen, in den Ruinen des Klosters zu leben. Das Kloster wurde ihm zu Ehren benannt.

Im Jahr 1179 n. Chr. wurde das Kloster vom byzantinischen König Manuel I Komnenus restauriert, aber nach der Vertreibung der Kreuzfahrer aus dem Heiligen Land erneut schwer beschädigt und 1878 von ostorthodoxen Christen, die heute die Hüter des Ortes sind, vollständig wiederhergestellt.

Die Reliquien der von den Persern ermordeten Mönche sind hier ausgestellt. Je nach dem Mönch oder Priester, der das Heiligtum betreut, ist das Fotografieren jedoch verboten, außer in der Höhle des Elias im oberen Bereich.

KURSI

Jesus war ein so außergewöhnlicher Mann, dass er manchmal Dinge tat oder sagte, die uns auch zwei Jahrtausende später noch in Ehrfurcht versetzen oder uns den Kopf verdrehen lassen. Er war ein Mann, der ein streng gläubiger Jude war. Er war sich über seinen Auftrag und sein Lebensziel im Klaren - unter anderem sollte er predigen und die verlorenen Schafe Israels heilen. Doch einmal forderte er seine Jünger auf, in ein Boot zu steigen und auf die östliche Seite des Sees zu fahren, die damals von Nichtjuden bevölkert war und als das Gebiet von Gergesenes bekannt war (Matthäus 8:23-34).

Sogar der Talmud (jüdische Literatur nach der Zerstörung des Tempels in Jerusalem) bezeugte, dass Kursi ein Zentrum der Götzenanbetung war und dass religiöse, wachsame Juden sich von solchen Orten fernhielten.

Dennoch lesen wir, dass Jesus diesen Ort betrat und dort nicht nur normalen Heiden (Nichtjuden) begegnete, sondern auch Männern, die von Dämonen besessen waren. Sie waren so stark und beängstigend, dass die Leute die Gegend mieden. Lukas, der kein Augenzeuge wie Matthäus war, berichtet uns, dass es sich um einen von Dämonen besessenen Mann handelte (Lukas 8:26-36). Wie dem auch sei, Jesus betrat einen Bereich, der ihn in Gefahr bringen konnte, sich zu verunreinigen oder rituell unrein zu werden, aber das geschah nicht.

Sowohl Lukas als auch Matthäus berichten uns, dass die Dämonen genau wussten, wer Jesus war und die Macht in Ihm erkannten. Sie flehten ihn an, sie nicht vor ihrer Zeit zu quälen und in den Abgrund zu schicken (wo auch immer dieser Ort sein mochte, vor dem sich selbst Dämonen fürchteten), sondern ihn zu bitten, sie stattdessen in eine Schweineherde zu schicken. Das war ein offensichtlicher Hinweis darauf, dass die Menschen in der Umgebung dieses Ortes keine Juden waren, denn wachsame Juden aßen damals wie heute kein Schweinefleisch.

Irgendwie schien sich Jesus ihrer zu erbarmen und befahl ihnen mit Autorität, diese Männer in Ruhe zu lassen und in die Tiere einzudringen, die die Kontrolle verloren, in den See liefen und ertranken. Nach einem solchen Ereignis berichteten diejenigen, die die Schweine hüteten, der Stadt, was passiert war, und Jesus wurde zu "persona non grata", als er von den Menschen aufgefordert wurde, die Region zu verlassen.

Warum überquerten Jesus und seine Jünger den See, setzten sich selbst Gefahren aus und wurden durch den Kontakt mit Heiden, Schweinen und toten Körpern sogar zeremoniell unrein? Wir haben keine Antwort. Wir hören oder lesen nichts über diese Männer. Vielleicht lehrt uns der Text, dass Jesus nicht nur Macht über die Winde, sondern auch über böse Geister hat.

Wir wissen jedoch, dass die frühen Christen das heutige Kursi als den Ort der Schweineherde im östlichen Teil des Sees identifizierten, wo eine Kirche und eines der größten Klöster der byzantinischen Zeit errichtet wurden. Sie wurden jedoch während der persischen Invasion 614-628 n. Chr. zerstört. Teilweise wurden sie wieder aufgebaut und später im 9. Jh. n. Chr. aufgegeben. Seitdem pilgern die Christen nicht mehr an diesen Ort, um sich an die Macht Jesus über die bösen Geister zu erinnern.

Die antike Kirche wurde im typischen Stil der Zeit (5. Jh. n. Chr.) erbaut - mit einem Atrium, einem Narthex, einem Hauptschiff und zwei Seitenschiffen auf jeder Seite, einer Apsis und einem Taufbecken. Sie verfügte auch über eine Ölpresse für den eigenen Gebrauch und eine Stadtmauer.

Die Stätte wurde 1970 bei einem Straßenbau zufällig entdeckt. Seitdem hat die Nationalparkverwaltung den Ort wieder aufgebaut und verwaltet ihn. Im Jahr 1982 begannen Christen, das Gebiet zu besuchen, um sich an die Macht Jesu nicht nur über den Wind, sondern auch über böse Geister zu erinnern.

LACHISCH

Die Stadt liegt in der Tiefebene (Schefela) und überblickt die Küstenebene im Westen und den Berg von Hebron im Osten.

Als die Hebräer die Stadt einnahmen, war sie bereits seit zwei Jahrtausenden von den Kanaanitern bewohnt, bis die Perser im 4. Jh. v. Chr. das errichteten, was den Archäologen als Tel oder Tell bekannt ist (ein künstlicher Hügel mit Schichten unterschiedlicher Besiedlungsperioden).

Lachisch wurde in den Amarna-Briefen (14. Jh. v. Chr.) und in den biblischen Aufzeichnungen erwähnt. Am bekanntesten wurde die Stadt während der assyrischen Invasion unter König Sanherib (702-701 v. Chr.). Er belagerte die Stadt und baute eine Rampe, um in die Festung einzudringen. Dies wurde in einem Relief festgehalten, das er in seinem Palast in Ninive (heute Irak) ausstellte. Es befindet sich heute im Britischen Museum in London und eine Kopie im Israel-Museum in Jerusalem.

Das Jahr 732 v. Chr. markiert die Invasion des Landes durch die Assyrer unter der Führung von Tiglath-Pileser III. und später von Sargon II. um 722 v. Chr., als ein Teil der Bevölkerung aus den nördlichen Stämmen deportiert wurde. Infolge dieser Deportationen entstand die urbane Legende von den "Zehn verlorenen Stämmen".

Heute wissen wir nicht nur aus biblischen Aufzeichnungen, sondern auch aus assyrischen Aufzeichnungen und ethnografischen Studien über das Land, dass nicht alle Menschen deportiert wurden, sondern nur der Adel und hohe Beamte, während das einfache Volk zurückblieb.

Während dieser Zeit wurde Juda als assyrischer Vasall zurückgelassen, doch König Hiskia und die Philister beschlossen, sich gegen den König von Assyrien aufzulehnen, und brachten damit Unheil und Zerstörung über sich.

Lachisch war neben Jerusalem die wichtigste Stadt in Judas, aber sie litt unter den Folgen der schlechten Entscheidungen des Königs. Die Reliefs zeigen die heftige Schlacht, gefangen genommene Judäer, den König von Juda, der vor Sanherib kniet, und die geplünderte Stadt mitsamt ihren Kultgegenständen.

Außerdem war Lachisch neben Jerusalem auch ein kultisches Zentrum, was darauf hindeutet, dass die so genannte Hiskia-"Reform" nicht so weit verbreitet war, wie die Öffentlichkeit annahm, oder dass die Menschen in Lachisch die Reformnachricht aus Jerusalem nicht erhalten hatten.

Zum Zeitpunkt der Erstellung dieses Buches wird Lachisch weiterhin ausgegraben. Die Stadt ist für die Öffentlichkeit zugänglich und besitzt die einzige assyrische Rampe der Welt. Nach dem Besuch von Lachisch empfiehlt sich auch ein Besuch des Israel-Museums in Jerusalem, um die Nachbildung der Schlacht von Lachisch oder assyrische Reliefs zu sehen, oder ein Besuch des Originals im British Museum

LOD

Obwohl die Stadt seit Tausenden von Jahren bewohnt ist, konzentriert sich dieses Buch nur auf die letzten zweitausend Jahre. Lod wurde in der Apostelgeschichte erwähnt und war als Lydda bekannt, das die Gläubigen aus der Umgebung besuchten (Apostelgeschichte 9:32-34). Im 3. Jh. n. Chr. wurde die Stadt in Diospolis (Stadt Gottes) umbenannt.

In dieser Zeit war die Stadt bei den frühen Christen, den mittelalterlichen Christen und den östlichen Christen sehr bekannt. Der legendäre Georg, ein römisch-christlicher Soldat, wurde in der Stadt geboren. Er starb während der Christenverfolgung unter Kaiser Diokletian (Cäsar 284-305 n. Chr.).

Im 5. Jh. n. Chr. wurde er als Märtyrer verehrt und im 6. Jh. n. Chr. wurde eine Kirche auf seinem angeblichen Grab errichtet. Hl. Georg wurde der Heilige von Palästina. Die Kirche wurde während der persischen Invasion von 614 n. Chr. zerstört, nachdem Kaiser Herakleios im Jahr 613 n. Chr. (in Antiochia) verloren hatte.

Kirchen und Klöster wurden hier zwischen 614 und 628 n. Chr. zerstört. Die Kirchen wurden dann repariert und funktionierten bis zum ersten Jahrzehnt des 11. Jh. n. Chr., wurden aber von Al-Hakim bi-Amr Allah erneut zerstört.

Während des Kreuzfahrerreichs wurde die Kirche mit der Figur des Heiligen Georgs wieder aufgebaut, der hochgeschätzt und verehrt wurde. Die Legende vom heiligen Georg, der den Drachen tötet, entstand während der Kreuzfahrerzeit.

Richard Löwenherz übernahm das Rote Kreuz auf weißem Grund, das vom Hl. Georg inspiriert war und nach England und Europa gebracht wurde.

Später wurde daraus das Rote Kreuz auf der Flagge Englands und der Hl. Georg wurde zum Schutzpatron Englands. Im 13. Jh. n. Chr. wurde die Kirche erneut von den Mamluken zerstört, die daraufhin eine Moschee auf den Ruinen der Kirche errichteten.

Die heutige Kirche wurde von der griechisch-orthodoxen Kirche neben der Al-Omari-Moschee auf den früheren Ruinen errichtet. Nördlich der St.-Georgs-Kirche befinden sich die Ruinen des Khan el-Hilu (Gasthaus), das im 19. Jh. n. Chr. erbaut wurde.

Nordwestlich des Khan befindet sich ein beeindruckender römischer Mosaikboden, der zum Zeitpunkt der Abfassung dieses Buches für die Öffentlichkeit gesperrt ist.

MA'AYAN HAROD

(EN CHAROD)

Die Quelle von Charod befindet sich am Fuße des Gilboa-Gebirges im Jesreel-Tal. In dieser Gegend fanden im Laufe der Geschichte viele Schlachten statt, darunter auch die berühmte von Gideon geführte Schlacht. Gideon ist einer der hebräischen Richter, die im Buch der Richter (Kapitel 7) erwähnt werden.

Die Midianiter waren Händler und Reiter aus dem Südosten, die - so der biblische Text - von Gott unterdrückt wurden, weil sie seine Gesetze vergaßen und den Ba'alen des Landes nachstellten, bis sie mehrmals aufschrieen und befreit wurden. Bei dieser Gelegenheit beauftragte Gott Gideon, der daran zweifelte, ob er die Hebräer von den Midianitern befreien konnte oder nicht.

En Charod wurde zum Testgelände für eine solche Aufgabe, wo Hebräer versammelt wurden, um gegen die Midianiter vorzugehen - 32.000 Männer kamen, aber 22.000 wurden nach Hause geschickt, und am Ende wählte Gott 300 Männer aus, die das Wasser wie Hunde schleckten. Die Midianiter wurden besiegt. Das Wichtigste in der Geschichte war, dass der Sieg durch Gottes Hand und nicht durch menschliche Anstrengung errungen wird.

Auch König Saul und seine Kinder wurden viele Jahre später in der Nähe dieses Ortes von den Philistern besiegt. Eine weitere entscheidende Schlacht fand 1260 n. Chr. statt, als die Mongolen wie Heuschrecken nach Westen zogen, aber von Mamluken-Sultan Qutuz in Ain Jalut (der arabische Name für die Quelle) besiegt wurden.

Oberhalb der Höhlenquelle befinden sich das Haus und der Friedhof von Jehoschua Chankin, der als "Erlöser des Landes" bekannt ist. Er kaufte das Land um die Quelle und viele andere Orte von den arabischen Grundbesitzern der moskitoverseuchten Sümpfe. Heute ist es ein sehr fruchtbares landwirtschaftliches Gebiet. Heute wird der Ort von vielen Anwohnern für Picknicks und zur Erholung besucht und er wird von der Nationalparkbehörde verwaltet

MACHPELAH

(HEBRON)

Die Stätte ist seit über 4000 Jahren bewohnt und befindet sich im Herzen der Stadt Hebron. Dieser Abschnitt des Buches ist dem riesigen Mausoleum gewidmet, in dem traditionell die Patriarchen der Hebräer (Abraham, Isaak und Jakob und ihre Frauen [außer Rahel]) bestattet wurden. Nach Jerusalem ist es die zweitheiligste Stätte, weshalb wir Sie bitten, bei Ihrem Besuch die Heiligkeit der Stätte zu respektieren.

Die Bibel sagt uns, dass Abraham die Höhle und das Land um sie herum gekauft hat (1. Mose 23) und anschließend dort zusammen mit seinem Sohn und seinem Enkel begraben wurde. Obwohl die Hebräer viele Jahrhunderte lang Sklaven in Ägypten waren, haben sie den Ort ihrer Vorfahren nie vergessen. Als die zwölf Kundschafter in das Gelobte Land gesandt wurden, erreichten sie Hebron (4. Mose 13:22). Viele jüdische Exegeten glauben, dass sie die Höhle besuchten.

Nach der israelitischen/jüdischen Geschichte hatte Hebron, das dem Stamm Juda gegeben wurde, eine entscheidende Bedeutung.

Von Hebron aus regierte König David zunächst sieben Jahre lang über Juda und später über ganz Israel. Der Topologie nach zu urteilen, scheint das große Gebäude über den Höhlen im im 1. Jh. v. Chr. von keinem Geringeren als Herodes dem Großen errichtet worden zu sein. Obwohl es ursprünglich erhalten blieb, wurden später weitere Strukturen hinzugefügt.
Während der byzantinischen Zeit (4. Jh. n. Chr.) wurde an der Ostseite des Gebäudes eine Kirche angebaut. Nach der arabischen Invasion im 7. Jahrhundert n. Chr. wurde dieser Teil zu einer Moschee.
Im 12. Jh. n. Chr., während des Kreuzfahrerreichs, wurde sie wieder zur Kirche, um schließlich mit der Rückeroberung des Landes durch die Truppen von Salah ad-Din (Saladin), der den Bau des heutigen Minaretts anordnete, wieder zur Moschee zu werden.

Nach der jüdischen Mystik (Zohar/Kabbala) ist die Machpelah der Eingang zum Gan Eden (Paradies), wo jeder, der hineinging, nie wieder zurückkehrte. Das war der Grund, warum Abraham die Höhle für einen so hohen Preis kaufte. Er wusste, dass Adam und Eva ebenfalls dort begraben waren, weshalb die Seelen zum Garten Eden aufstiegen und die Gebete zu den himmlischen Orten hinaufgingen.

Während der Mamlukenzeit (14.-15. Jh. n. Chr.) wurden im Inneren des Gebäudes weitere Veränderungen vorgenommen, die noch heute sichtbar sind. So wurden beispielsweise sechs Kenotaphe errichtet, die auf die Gräber von Abraham und Sara hinweisen, die heute von Muslimen und Juden gemeinsam genutzt werden, von Rebekka und Isaak, die sich heute im muslimischen Teil befinden, und von Lea und Jakob, die im jüdischen Teil liegen.

Zur Zeit der muslimischen Rückeroberung des Landes nach dem 12. Jh. n. Chr. war es Juden und Christen nicht gestattet, das Mausoleum zu besuchen. Stattdessen gab es im östlichen Teil des Gebäudes eine Treppe, die heute nicht mehr vorhanden ist, wo die Juden beten durften.

Nach dem Sechs-Tage-Krieg von 1967 übernahm Israel jedoch das Gelände, und ein Teil des Gebäudes wurde als Synagoge genutzt. Besucher sind nun willkommen, die Einrichtungen zu besichtigen, wobei es bestimmte Regeln gibt. Juden können den muslimischen Teil nicht besuchen und umgekehrt. Christen können beide Bereiche besuchen.

Freitags können Christen jedoch nicht die Moschee besuchen, und am Schabbat (Samstag) können Christen nicht die Synagoge besuchen, da an diesen Tagen Gebete für beide Gruppen vorgesehen sind.
Zum Zeitpunkt der Erstellung dieses Buches ist der Eintritt frei.

MAKHTESH RAMON

(RAMON-KRATER)

Machtesch Ramon, auch bekannt als der Ramon-Krater, ist eine wunderschöne und atemberaubende geologische Formation, die in diesem Teil der Welt so ziemlich einzigartig ist. Es gibt noch weitere Makhteshim (Krater) im Land, aber Machtesch Ramon ist der größte von allen. Er befindet sich neben dem Mitzpe Ramon im Negev und ist etwa 40 km lang, 8 km breit und 400 m tief. Obwohl er einem Krater ähnelt, ist Machtesch Ramon weder das Ergebnis eines Meteoriteneinschlags noch eines Vulkanausbruchs.

Vielmehr handelt es sich bei diesem einzigartigen Phänomen um die Aushöhlung durch die Natur, d. h. um Karsterosion. Geologen zufolge war das gesamte Gebiet vor Millionen von Jahren mit Wasser bedeckt, da es in dieser Gegend häufig regnete. Doch langsam begann sich das Wasser nach Norden zurückzuziehen und hinterließ einen buckelförmigen Hügel, der durch Wasser und Wind die Krater im Land bildete.

Aufgrund des Temperaturunterschieds zwischen dem Boden und dem Zentrum des Machtesch gibt es eine große Vielfalt an Pflanzen. Außerdem wurden der Wildesel und der nubische Steinbock wieder in die Natur eingeführt, die Sie bei Ihrem Besuch oder im Vorbeifahren sehen können.

Es gibt nur eine natürliche Wasserquelle - Ein Saharonim, wo die Nabatäer an der Weihrauchhandelsroute einen Khan (Station für die Händler) errichteten (siehe Schivta, Mamschit, Avdat). Es gibt ausgewiesene Wandergebietevund die beste Zeit dafür ist der Herbst, der Winter und der Frühling, nicht aber der Sommer, wenn die Temperaturen sehr hoch sind. Es gibt ein Besucherzentrum, das von der Behörde für das Naturschutzgebiet verwaltet wird.

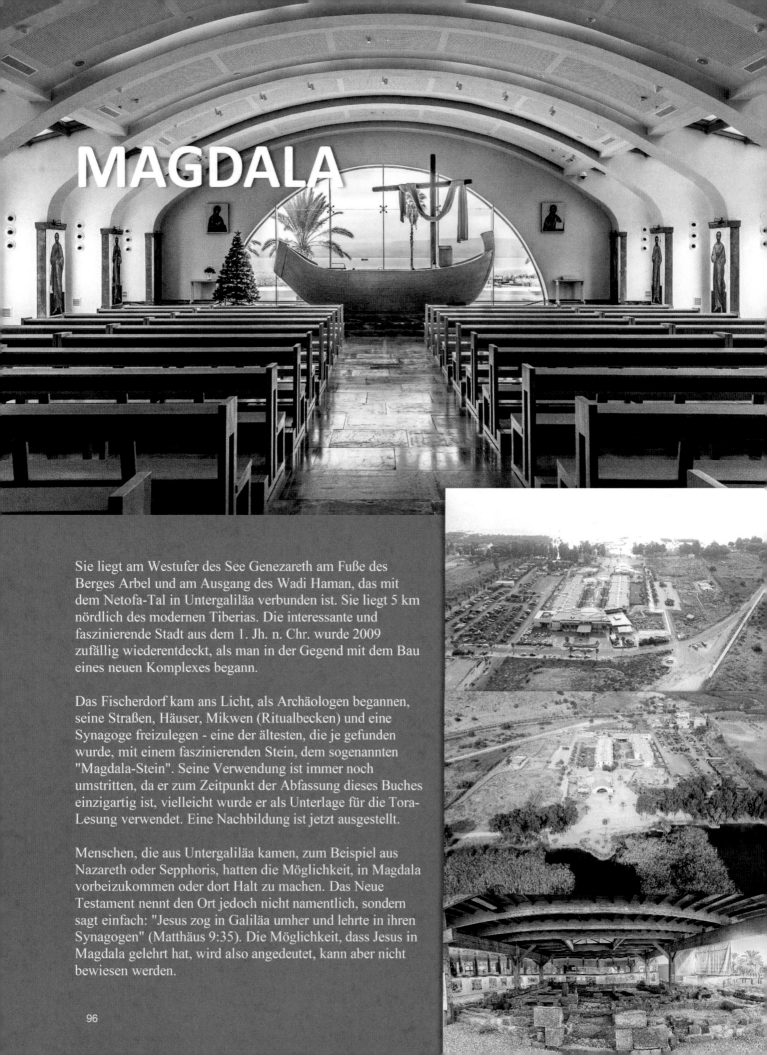

MAGDALA

Sie liegt am Westufer des See Genezareth am Fuße des Berges Arbel und am Ausgang des Wadi Haman, das mit dem Netofa-Tal in Untergaliläa verbunden ist. Sie liegt 5 km nördlich des modernen Tiberias. Die interessante und faszinierende Stadt aus dem 1. Jh. n. Chr. wurde 2009 zufällig wiederentdeckt, als man in der Gegend mit dem Bau eines neuen Komplexes begann.

Das Fischerdorf kam ans Licht, als Archäologen begannen, seine Straßen, Häuser, Mikwen (Ritualbecken) und eine Synagoge freizulegen - eine der ältesten, die je gefunden wurde, mit einem faszinierenden Stein, dem sogenannten "Magdala-Stein". Seine Verwendung ist immer noch umstritten, da er zum Zeitpunkt der Abfassung dieses Buches einzigartig ist, vielleicht wurde er als Unterlage für die Tora-Lesung verwendet. Eine Nachbildung ist jetzt ausgestellt.

Menschen, die aus Untergaliläa kamen, zum Beispiel aus Nazareth oder Sepphoris, hatten die Möglichkeit, in Magdala vorbeizukommen oder dort Halt zu machen. Das Neue Testament nennt den Ort jedoch nicht namentlich, sondern sagt einfach: "Jesus zog in Galiläa umher und lehrte in ihren Synagogen" (Matthäus 9:35). Die Möglichkeit, dass Jesus in Magdala gelehrt hat, wird also angedeutet, kann aber nicht bewiesen werden.

Dennoch erwähnte der jüdische Historiker Flavius Josephus den Ort unter seinem griechischen Namen Tarichaea, was so viel bedeutet wie "der Ort, wo die Fische zubereitet werden". Die Dorfbewohner betrieben hier ein lukratives Geschäft mit getrocknetem Fisch.

Die bekannteste Figur dieser Stadt, die in den Seiten des Neuen Testaments auftaucht, war Miriam von Migdal, bekannt als Maria Magdalena, wahrscheinlich eine Geschäftsfrau, die den Dienst von Jesus unterstützte. Dies beruht auf Vermutungen, wie sie in Lukas 8:1-3 angedeutet werden, und auf den Einkünften, die der Fischfang in dieser Stadt einbrachte.

Die Dorfbewohner nahmen am ersten jüdischen Aufstand von 66 n. Chr. teil, und General Vespasian verschwendete keine Zeit damit, den Aufstand im Norden abzubrechen, bevor er nach Jerusalem zog. In der letzten römischen Epoche wurde das Dorf wieder aufgebaut, und in der byzantinischen Zeit wurde ein Kloster errichtet, dessen Ruinen ebenfalls freigelegt wurden.

Heute gibt es ein geistliches Zentrum, das den Frauen der Bibel gewidmet ist und für Gebete und Liturgie geöffnet ist. Es gibt örtliche Führer, die Sie herumführen und Ihnen weitere Informationen über das Gelände geben können. Informationen zu Gruppenreservierungen, Öffnungszeiten und Eintrittspreisen finden Sie auf der Website.

MAMSCHIT

Die Bewohner von Mamschit hielten sich während der zweiten Welle nabatäischer Händler im Negev um die Mitte des 1. Jh. v. Chr. auf. Da ihr Handel mit dem Römischen Reich weiterhin Einnahmen generierte, wurde ihre Kontrolle über die Negev-Route immer stärker.

Die Stadt wurde am zweiten Zweig der Karawanenroute errichtet, die von Petra hinunter in die Arava führte, um später die raue Negev-Wüste zu durchqueren, bevor sie die Küstenebene erreichte. Daher waren Kontrolle, Schutz und Versorgung auf diesem Weg von entscheidender Bedeutung.

Sie waren klug genug, um die größte Herausforderung von allen zu lösen - den Wassermangel in der Wüste. Sie beherrschten das Sammeln von Sturzflutwasser, das bis heute in der Wüste vorkommt (eine dieser Sturzfluten können Sie auf dem YouTube-Kanal des Autors sehen: "Israel's Flash Floods in Wadi Qumran").

Die Menschen sammelten erfolgreich Wasser in großen Zisternen für den täglichen Bedarf, für die Landwirtschaft, für Weideflächen und sogar für die Zucht der Pferde, die später als Araber bekannt wurden. Schließlich wurde auch Mamschit im 2. Jh. n. Chr. Teil des Römischen Reiches, und schriftliche römische Quellen bezeugen, dass die Einwohner Teil der römischen Miliz waren, die nicht nur die Route, sondern auch die Bürger der Region schützte.

Die Bewohner Mamschits waren klug genug, ihre eigene Architekturschule zu haben - das Gebäude wurde später abgerissen und die Steine wurden für den Bau einer Kirche wiederverwendet, und die Originalsteine sind heute noch im Gebäude zu sehen.

Leider strich der Kaiser während des byzantinischen Reiches im 6. Jh. n. Chr. die Mittel für die römischen Soldaten in diesem Gebiet, weil er sie für unnötig hielt. Dies führte zum Untergang von Mamschit, da das Gebiet ungeschützt war und später das Verteidigungssystem der Stadt zerstört und niedergebrannt wurde.

Beim Besuch der Stätte kann man die große Residenz (das "Herrenhaus"), die auf Reichtum hindeutet, die Stadtmauern, den Turm und natürlich die Kirchen bewundern, die ein Juwel der byzantinischen nabatäischen Architektur sind (einige Teile sind noch nicht ausgegraben). Sie wurden die Niluskirche und die Ostkirche genannt (wegen ihrer Lage).

Es gibt auch den Markt, eine große und breite Straße mit Geschäften auf beiden Seiten, das Nabatu-Haus, sogar ein Badehaus und ein öffentliches Schwimmbad (verpassen Sie nicht das Fresko der mythologischen Götter Eros und Psyche an der Wand).
Mamschit gehört heute zum UNESCO-Weltkulturerbe und ist ein Nationalpark.

MAR SABA KLOSTER

Im 3. bis 6. Jh. n. Chr. kam es in der judäischen Wüste zu einer explosionsartigen Ausbreitung des klösterlichen Lebens - junge Männer, die auf der Suche nach Gott und möglicherweise auch nach sich selbst waren, fanden in der Wüste den geeigneten Ort, um diese Erleuchtung durch Gebet, Fasten und Arbeit zu erlangen. Ihr Leben wurde vom Propheten Elia, Johannes dem Täufer und dem heiligen Antonius von Ägypten, dem Vater des klösterlichen Lebens, inspiriert. Der Vater des judäischen Mönchslebens hingegen war der heilige Chariton der Bekenner (3. Jh. n. Chr.).

Es lässt sich viel darüber sagen, wie diese Männer ihre Reise als Einsiedler begannen, die in Höhlen oder in Laura lebten und sich nur einmal pro Woche in der judäischen Wüste und in der Nähe des Toten Meeres trafen, um sich später in einem so genannten Coenobium oder Kloster mit entsprechenden Regeln zu organisieren.

In dieser Zeit wurden Dutzende von Klöstern und Kirchen in der judäischen Wüste gebaut, aber dieses Buch behandelt nur zwei von ihnen: Mar Saba und St. Georg (siehe Kloster St. Georg).

Das Kloster Mar Saba wurde vom Heiligen Sabas oder Mar Sabas aus Kappadokien gegründet, der im Alter von 18 Jahren nach Jerusalem kam und nie mehr nach Hause zurückkehrte. Fast ein halbes Jahrhundert lang leitete er die Laura, das heutige Mar Saba, dessen Höhle immer noch dort steht. Sabas half bei der Gründung anderer Klöster in der Region, als die Wüste in dieser Zeit aufblühte.

Er starb im Alter von 93 Jahren und wurde dort begraben, wo sich heute das Kloster befindet, das seinen Namen trägt.

Seine Gebeine wurden von den Kreuzfahrern während des Kreuzfahrerreichs nach Venedig gebracht, aber 1965 an das Kloster zurückgegeben. Heute sind sie im Inneren der Hauptkirche ausgestellt. Eine Ädikula befindet sich auf dem Hof, wo er ursprünglich begraben wurde.

Für Frauen, die das Kloster besuchen, gelten strenge Regeln: Sie dürfen nur den Frauenturm betreten und das Kloster von außen besichtigen.

Fotos sind im Inneren nicht erlaubt, es sei denn, man erhält eine Sondergenehmigung vom griechischen Patriarchen oder die Gnade des Mönchs, der den Besuch beaufsichtigt - dieser Autor durfte nur zwei machen.

Das Kloster hat verschiedene Phasen von Unruhen, Zerstörungen und Erweiterungen durchlaufen. Es wurde 10 km östlich von Bethlehem gebaut und hängt an der Klippe des Kidrontals, das von Jerusalem bis zum Toten Meer reicht. Es bietet eine überwältigende Aussicht und Ruhe, und der Weg nach unten ist mit seinen steilen Straßen sicherlich ein Abenteuer.

Das Kloster ist mittwochs und freitags für die Öffentlichkeit geschlossen. An diesen Tagen beten und fasten die Mönche, aber den Rest der Woche ist es ab 09:00 Uhr geöffnet.

MASADA

Masada ist die am meisten besuchte Sehenswürdigkeit des Landes und gehört zum UNESCO-Weltkulturerbe. Es ist ein Tafelberg am Ufer des Toten Meeres südlich von En Gedi und am Rande der judäischen Wüste. Er befindet sich 450 m über dem Toten Meer, ist 650 m lang und 300 m breit.

Als Reiseleiter, Archäologe, Fotograf und Bibellehrer stellt der Autor den Besuchern immer wieder die Frage: Was ist so besonders an dieser Stätte, wo es doch Hunderte von anderen Stätten im Land gibt, die kaum besucht werden? Ist es ein moderner Trend? Sind die Menschen so sehr an Archäologie interessiert? Oder ist es die Geschichte dahinter - der angebliche Verlust von Menschenleben?

Masada hat mehrere Phasen durchlaufen, eine hasmonäische (2. Jh. v. Chr.), eine herodianische (1. Jh. v. Chr.), eine von den Rebellen gegen die Römer (1. Jh. n. Chr.) und eine byzantinische (5.-6. Jh. n. Chr.). Für welche dieser Phasen interessieren sich die Besucher, die sich auf einen felsigen Berg in der Wüste mit hohen Temperaturen begeben? Nun, was die meisten Menschen anzieht, ist die Geschichte der Rebellen gegen die Römer. Zum Zeitpunkt der Erstellung dieses Buches gibt es außer den Münzen aus dieser Zeit keine physischen Beweise für eine hasmonäische Struktur.

Es war Herodes der Große, der den großen Vorteil des Baus einer Festung an diesem verlassenen Ort erkannte, falls er sich vor seinen Feinden verstecken musste - und er hatte viele! Es war jedoch nicht nur ein Zufluchtsort, sondern auch ein Palast mit dem ganzen Luxus der damaligen Zeit. Paläste, Lagerräume, Zisternen, Teiche, römische Bäder, Stuck und Fresken, was auch immer - Herodes versäumte es nicht, die Anlage mit dem Besten auszustatten.

Die Bauarbeiten begannen im Grunde sofort, als Herodes 37 v. Chr. seine Herrschaft antrat, und waren 31 v. Chr. abgeschlossen. Nach seinem Tod im Jahr 4 v. Chr. wurden römische Wachen zum Schutz des Geländes abgestellt, das später von den Sikariern unter der Führung von Eleasar ben Ja'ir eingenommen wurde. 960 Männer, darunter auch Frauen und Kinder, suchten nach dem Fall Jerusalems im Jahr 70 n. Chr. Zuflucht auf dem Gipfel des Berges.

Die Römer duldeten jedoch nicht, dass sich diese Gruppe von Rebellen mehr als drei Jahre lang auf einem Felsen versteckte. Römische Soldaten stürzten diese Männer und sandten damit eine Botschaft an das Römische Reich, dass Rom diese Art von Aufstand nicht dulden würde. Die Frage, die sich viele Historiker stellen, lautet: "Wie kann ein Mann, in diesem Fall Flavius Josephus, der kein Augenzeuge war, so viele Einzelheiten des Berichts, insbesondere über Eleasar Ben Ja'ir, wiedergeben? In diesem Punkt unterscheiden sich Archäologie und geschriebene Geschichte voneinander.

Laut Flavius überzeugte Ben Ja'ir die Männer, ihre Frauen und Kinder zu töten und sich dann gegenseitig zu töten, anstatt sich gefangen nehmen und versklaven oder einfach töten zu lassen (Flavius Josephus, Der Krieg der Juden, VII). Nach Angaben von Flavius überlebten nur eine Frau und vier Kinder, da sie in einer der Wasserzisternen versteckt waren. Hat sie Flavius die Geschichte erzählt, als sie nach Rom kam? Wir wissen es nicht!

Tatsache bleibt, dass, als Flavius Silva nach dem Bau einer Erdrampe die Mauern von Masada überbrückte, angeblich alle tot waren. In Masada wurden erneut römische Soldaten stationiert, um eine erneute Einnahme zu verhindern.

Im 5. Jh. n. Chr. wurde eine Laura von byzantinischen Mönchen gebaut, deren Kapelle noch heute zu sehen ist. Es wird angenommen, dass Masada nach der arabischen Invasion im 7. Jahrhundert n. Chr. verlassen und vergessen wurde, bis es im 19. Jahrhundert n. Chr. von europäischen und nordamerikanischen Forschern wiederentdeckt wurde und später von der zionistischen Jugendbewegung zu Beginn des 20. Jahrhunderts. Auf der Suche nach einem Symbol des Heldentums in der jüdischen Geschichte wurden schließlich in den 1960er Jahren wissenschaftliche Ausgrabungen unter der Leitung der Hebräischen Universität durchgeführt.

Es wurden weniger als zwanzig Leichen gefunden, die am Fuße des Berges im westlichen Teil begraben waren. Leider wurden die Leichen nie wissenschaftlich untersucht, um ihr Alter und ihre ethnische Zugehörigkeit zu bestimmen, sondern man gab ihnen ein ehrenvolles Begräbnis, als ob sie die jüdischen Kämpfer wären, die 73 n. Chr. gefallen sind. Wenn das der Fall war, wo sind dann die anderen 900 Leichen? Oder waren dies die Leichen der byzantinischen Mönche, die einst dort lebten?Solange diese Knochen nicht wissenschaftlich analysiert sind, werden die Zweifel bleiben...

Sie können den Berg entweder zu Fuß vom westlichen oder östlichen Teil aus oder mit einer Seilbahn besteigen. Am Eingang des Nationalparks befindet sich ein Museum (Seilbahntickets werden separat verkauft). Achten Sie darauf, dass Sie sich mit einer Kopfbedeckung schützen und viel Wasser trinken, wenn Sie die Stätte in der Hitze des Tages besuchen.

MAZOR
MAUSOLEUM

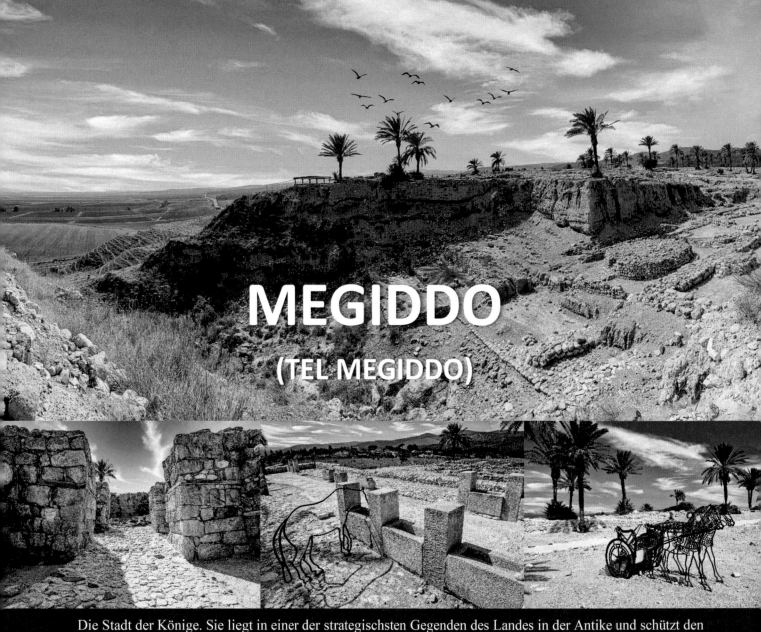

MEGIDDO
(TEL MEGIDDO)

Die Stadt der Könige. Sie liegt in einer der strategischsten Gegenden des Landes in der Antike und schützt den Eingang des Jesreel-Tals, das den Meeresweg (Via Maris) mit Mesopotamien und den Königreichen von Mittani verband.

Aufgrund ihrer Bedeutung und strategischen Lage wurde sie in den historischen Aufzeichnungen des Tempels in Karnak, Ägypten, erwähnt. Pharao Thutmose III. kämpfte im 15. Jh v. Chr. gegen den König von Megiddo und

Über zwei Jahrtausende später, im 19. Jh. N. Chr., wurde sie wiederentdeckt. Eine neue Geschichte von Megiddo begann, als Forscher und Archäologen begannen, die Vergangenheit der Stadt aufzudecken, die im Laufe der Jahrzehnte Millionen von Besuchern anlockte und zum Nationalpark und UNESCO-Weltkulturerbe wurde.

Bei einem Besuch sollte man das spätbronzezeitliche kanaanäische Tor sehen, das eher ein zeremonielles Tor war, das zum Palastbereich führte, als ein Schutztor. Es war zerstört, als die Israeliten den Ort übernahmen, und wurde ein Jahrhundert später wiederaufgebaut.

Wenn man die Stätte betritt, sieht man auf der linken Seite eine israelitische Treppe, die zu einem Wasserreservoir führt. Es ist nicht klar, woher das Wasser kam. Darüber befinden sich im Norden und Süden der Anlage Überreste von Ställen, die entweder von Ahab im 9. Jh. v. Chr. oder von Jerobeam II. im 8. Jh. v. Chr. erbaut wurden, sowie die entsprechenden Paläste und das unglaubliche israelitische Wassersystem, das die Stadt vor allem während der Belagerung versorgte.

Die riesige Tempelanlage stammt aus dem 4. Jahrtausend v. Chr. und wurde über Jahrhunderte hinweg genutzt, ohne ihre Heiligkeit zu verlieren.

Der assyrische Palast und die Quartiere. Der Getreidespeicher wurde entweder am Ende der israelitischen oder während der assyrischen Periode gebaut.

Nicht zuletzt hinterließen die Perser weniger Bauwerke am Tel, die mit dem Untergang ihres Reiches aufgegeben wurden und das Ende von Megiddo markierten.

MIRABEL BURG

(MIGDAL AFEK)

Die Stätte ist auch unter dem Namen Migdal Tsedek (hebräisch: Turm der Gerechtigkeit) bekannt und befand sich in der Antike in einem sehr strategischen Gebiet. Ethnografische Studien der Gegend zeigen Keramik, die mit der so genannten Eisenzeit II (späte israelitische Periode) und der römischen Periode in Verbindung gebracht wird.

Das Gebiet überblickt die enge Passage der antiken Fernstraße, die in der römischen und späterer Zeit als Via Maris (Meeresweg) bekannt war. Sie war eine Erweiterung von Antipatris (siehe Aphek), das zusammen mit Migdal Tsedek an dem großen Aufstand beteiligt war, der zur endgültigen Zerstörung Jerusalems im Jahr 70 n. Chr. führte.

In der spätrömischen und byzantinischen Zeit wurde das Gebiet wieder aufgebaut, wie Spuren von wiederverwendeten Steinen (die sogar als Stürze verwendet werden können) mit griechischen Inschriften aus einer vermutlich im 7. Jh. n. Chr. zerstörten Kirche stammen. Sie wurde dem heiligen Cyriacus geweiht, von dem die Legende sagt, dass er ein reicher Mann war, der seinen Reichtum den Armen gab. Wie Jesus dem reichen Mann in der Bibel sagte, er solle seinen Reichtum den Armen geben und ihm nachfolgen, so tat es Cyriacus, der sich ebenfalls um die Armen kümmerte und später während der Verfolgung unter Kaiser Diokletian im Jahr 303 n. Chr. Märtyrer wurde. Ihm zu Ehren wurde daher an dieser Stelle ein Kloster errichtet.

Sowohl die Kreuzfahrer als auch frühere Epochen erkannten, wie strategisch günstig der Standort war, und so wurde das Mirabel von einer Adelsfamilie (Familie Ibelin) erbaut, die im gesamten Heiligen Land große Besitztümer hatte. Sie blieben bis zum Ende des 13. Jh. n. Chr. in diesem Land.

Nach der blutigen Schlacht von Hattin im Jahr 1187 n. Chr., in der die Kreuzfahrer besiegt wurden, wurde Mirabel von den Ayyubiden eingenommen und bis 1191 genutzt, um zu verhindern, dass die Kreuzfahrer in den kommenden Kreuzzügen die Kontrolle zurückgewinnen. Im 13. Jh. n. Chr. wurde sie von den Mamluken wiederaufgebaut und schließlich aufgegeben.

Migdal Tsedek wurde im 19. Jh. n. Chr. (der den größten Teil der heutigen Struktur bildet) von einem Beduinen namens Al-Sadik aus Samaria wieder aufgebaut, um Steuern von den Dorfbewohnern einzutreiben, was den Türken jedoch nicht gefiel, so dass er aus Palästina verbannt wurde.

Heute ist Migdal Tsedek ein Nationalpark und zum Zeitpunkt der Erstellung dieses Buches ist der Eintritt frei.

NAHAL TANINIM

Dieses Naturschutzgebiet, das wörtlich "Krokodilfluss" bedeutet, umfasst den Fluss von der Quelle Ramot Menashe bis zu seiner Mündung ins Mittelmeer. Es markiert die südliche Grenze der Küstenebene des Karmel. In der spätrömischen Zeit versorgte der Nahal Taninim Caesarea Maritima mit Wasser. In seiner Blütezeit wurden Dämme und Aquädukte gebaut, um die Stadt mit zusätzlichem Wasser zu versorgen, wenn der Bedarf hoch war. War der Name falsch oder lebten tatsächlich Krokodile hier oder im ganzen Land des Messias? Ja, es gab sie tatsächlich, von prähistorischen Zeiten bis zum Ende des 19. Jahrhunderts.

Das Gebiet war ein Sumpf, bis es Anfang des 20. Jh. n. Chr. durch den Befall mit Malaria übertragenden Mücken endgültig trockengelegt wurde. Während der Römerzeit gab es in der Nähe sogar eine Stadt namens Krokodilopolis, benannt nach den in den Sümpfen lebenden Krokodilen. In der byzantinischen Zeit nutzten die Bewohner der Gegend die Kraft des Staudamms und bauten sechs mit Wasser betriebene Getreidemühlen.

Bei einem angenehmen Spaziergang durch das Naturreservat können Besucher die Grabhöhlen, den Nahal Taninim Damm, ein niedriges Aquädukt und sogar einen Steinbruch aus der spätrömischen Zeit besichtigen.

NAZARETH

Kann aus Nazareth etwas Gutes kommen?

Das waren die Worte Nathanaels, als er von Philippus hörte, dass sie den gefunden hatten, von dem Mose in der Thora schrieb und der von den Propheten vorhergesagt wurde - Jesus, den Sohn Josephs (Johannes 1:44-45).

Bei einer solch zweifelhaften, aber aufrichtigen Frage könnte man sich fragen, was Nazareth einen so schlechten Ruf eingebracht hat? Nazareth war im 1. Jh. n. Chr. eine sehr kleine Stadt, die nach den ethnographischen Studien der Archäologen nur wenige hundert Einwohner hatte.

Ihre Unbedeutendheit veranlasste den jüdisch-römischen Historiker Flavius Josephus, sie trotz ihrer Nähe zu Sepphoris, der Hauptstadt Galiläas, nicht einmal zu erwähnen und zu ignorieren. Dies weckte die Neugier der Bibelgelehrten auf die im Johannesevangelium zitierte Aussage.

Nachdem Joseph von einem Engel gewarnt worden war und seinen gesunden Menschenverstand benutzt hatte, kehrten sie aus Ägypten zurück und beschlossen, sich in Nazareth niederzulassen, wo sie vielleicht einige nahe Verwandte hatten (Matthäus 2:20-23).

Jesus begann seinen Dienst in seiner Heimatstadt Nazareth, aber er wurde von seinen Altersgenossen und Nachbarn abgelehnt, die ihn aufwachsen gesehen hatten und es lächerlich und unvorstellbar fanden, dass der Sohn des Handwerkers Joseph der Messias sein könnte, und sie dachten sogar daran, ihn zu töten. Aber er ging durch sie hindurch und zog mit seinem gesunden Menschenverstand nach Kapernaum (Matthäus 4:14-31).

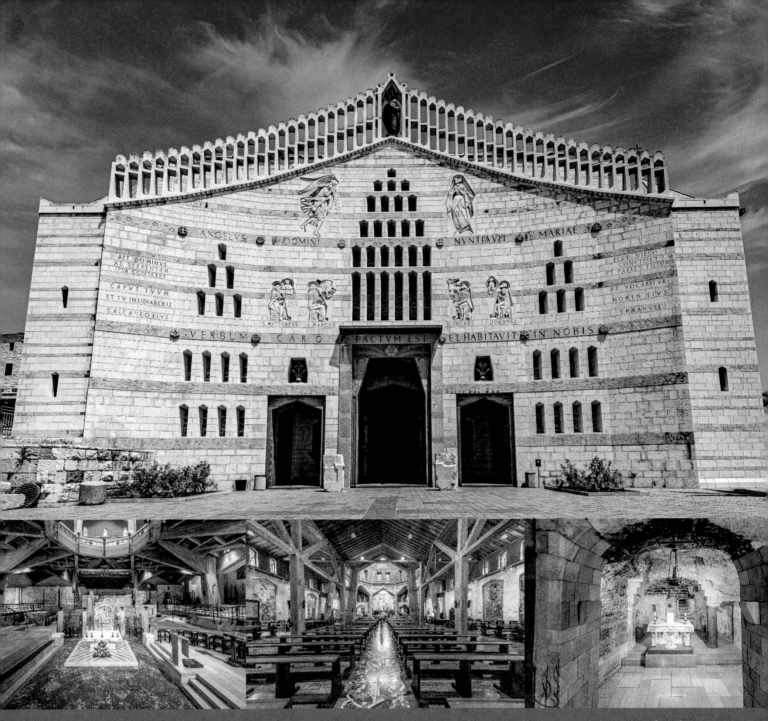

Als die Christen begannen, in das Land zu pilgern, das sie später das Heilige Land nennen würden, war eine der bekanntesten Pilgerinnen eine Frau namens Egeria, die zwischen 381 und 384 n. Chr. kam. Sie erwähnte, dass die Anbetungsgrotte (Höhle), die der Überlieferung nach das Haus Marias war, auch der Ort der Verkündigung durch den Erzengel Gabriel war. Außerdem sagte dieser Maria an diesem Ort, dass sie den Messias gebären würde, und gab ihr eine Verheißung, die noch nicht erfüllt ist, da das Königreich Davids noch nicht wiederhergestellt ist...

" ...Gott der Herr wird ihm den Thron seines Vaters David geben; und er wird regieren über das Haus Jakobs in Ewigkeit, und sein Reich wird kein Ende haben." - Lukas 1:32-33.

Da Egeria keine Kirche erwähnte, wird angenommen, dass sie irgendwann im 5. Jh. n. Chr. erbaut wurde. Sie wurde jedoch im 7. Jh. zerstört und während der Kreuzfahrerzeit zu Beginn des 12. Jh. wieder aufgebaut. Im 13. Jh. wurde sie schließlich von den Mamluken erneut zerstört.

Nachdem die Franziskaner aus dem Land vertrieben worden waren, kehrten sie im 17. Jh. n. Chr. zurück und kauften das Land, auf dem die Kirche in Trümmern lag, durften es aber erst im 18. n. Chr. wieder aufbauen.

Aufgrund des großen Besucherandrangs wurde das bescheidene Kirchengebäude abgerissen, um eine Basilika zu bauen, die zum Zeitpunkt der Erstellung dieses Buches die größte im Nahen Osten ist. Das neue Kirchengebäude weist Spuren der früheren Kirchengebäude auf und macht die Grotte (Höhle) aus dem 1. Jh. n. Chr. zum Mittelpunkt der Anbetung.

Die Ostkirche wies jedoch einige hundert Meter von der lateinischen Kirche entfernt auf einen Platz, der als Fontana di Maria (Marienbrunnen) bekannt ist und an dem die Tradition der Verkündigung durch den Erzengel Gabriel stattfand.

Die nach dem Erzengel Gabriel benannte Kirche wurde im 18. Jh. n. Chr. auf den Ruinen der Kreuzfahrerkirche erbaut, die ursprünglich während der byzantinischen Zeit errichtet und im 13. n. Chr. zerstört wurde.

Auf dem Stadtmarkt befindet sich eine griechisch-katholische Kirche, die als Synagogenkirche bekannt ist, obwohl das Kirchengebäude im Mittelalter errichtet wurde.

NIMRODSDBURG

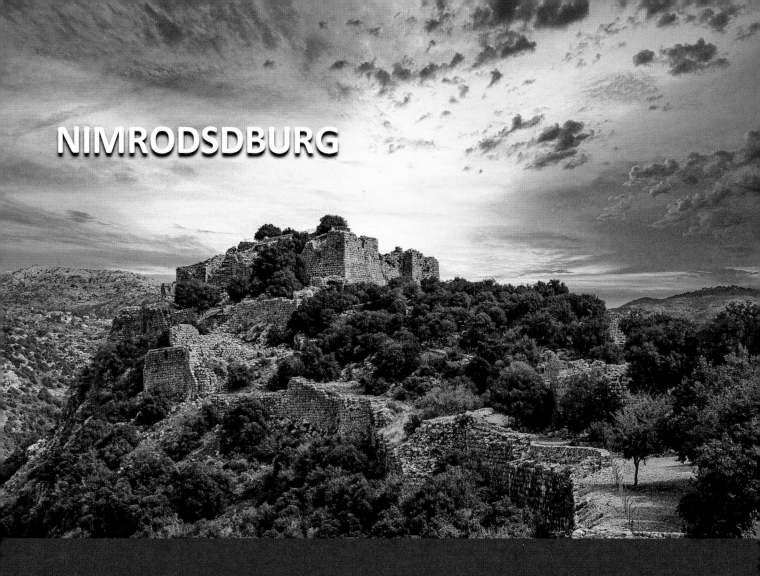

Im Arabischen auch als Qal'at Subayba (die Felsenfestung) bekannt. Nach einer arabischen Legende wurde der starke Jäger Nimrod, König von Schinar und Urenkel Noahs, an diesem Ort von Allah bestraft, indem er ihm eine Mücke in den Kopf setzte, die ihn in den Wahnsinn trieb.
Eine andere Legende besagt, dass Nimrod hier seine Burg baute und von dort seinen langen Arm ausstreckte, um Wasser aus den Banias unterhalb des Berges zu schöpfen.

Obwohl die Kreuzfahrer nach ihrer demütigenden Niederlage bei den Hörnern von Hattin 1187 n. Chr. in der Nähe des See Genezareth die Kontrolle über den größten Teil des ersten Kreuzfahrerreichs verloren, gelang es ihnen, die Kontrolle über die Küstenebene zu erlangen.

Die Ayyubiden zerstörten systematisch alle Kreuzfahrerhochburgen und hinderten sie daran, das Land zu halten. In der Folgezeit versuchten die Kreuzfahrer mehrmals, das Land zurückzuerobern, was ihnen jedoch nicht gelang. Das Gebiet von Banias stand unter der Kontrolle der Männer von Salah ad-Din (Saladin).

Die Rivalität zwischen den Gouverneuren von Ägypten (Sultan Al-Malik Al-Kamal) und Damaskus (Al-Mou'azzam Issa), die zufällig Brüder waren, führte im Jahr 1227 n. Chr. zum Bau der Festung.
Der Grund dafür war, dass Al-Mou'azzam die Rückkehr der Kreuzfahrer befürchtete, insbesondere als sein Bruder ein Bündnis mit Friedrich II. einging.
Die Festung wurde später, 1230 n. Chr., fertiggestellt.

Dennoch gaben die Kreuzfahrer nicht auf und versuchten erneut, das Gebiet zurückzuerobern, scheiterten aber 1253 n. Chr. grandios. Einige Jahre später zerstörten die Mongolen aus Zentralasien die Festung, wurden aber in der Nähe des Berges Gilboa aufgehalten (Siehe Ma'ayan Harod [En Charod]).

Die Mamluken bauten die Festung nach ihrem Sieg über die Mongolen, der als eine der wichtigsten Schlachten der Geschichte gilt, wieder auf.

Mit der endgültigen Vertreibung der Kreuzfahrer aus dem gesamten Land im Jahr 1291 n. Chr. verlor die Festung im 15. Jh. n. Chr. an Bedeutung, nachdem sie als Gefängnis für Rebellen gedient hatte und schließlich aufgegeben wurde, um von den örtlichen Hirten als vorübergehende Zuflucht genutzt zu werden. Heute wird sie von der Nationalparkverwaltung verwaltet.

QUMRAN

Qumran ist eine der fünf meistbesuchten Stätten im ganzen Land. Warum ist das so? Liegt es an der Stätte selbst oder an ihrer Lage, oder ist es vielleicht das, was auf dem Gelände gefunden wurde? Obwohl die Stätte bereits im 8. Jh. v. Chr. bewohnt war, war es nicht diese Gemeinschaft, die diese Stätte in den letzten Jahrzehnten für Millionen von Besuchern attraktiv machte.

Vielmehr war es die Art der Gemeinschaft im 2. Jh. v. Chr., die manchen als die Essener oder die Qumran-Gemeinschaft bekannt ist, die die Besucher anlockte.

Die Einzelheiten darüber, wer sie waren und was sie taten, würden den Rahmen dieses Buches sprengen. Auf ihrem Gelände wurde die wichtigste Entdeckung des 20. Jahrhunderts gemacht, und seither wurden Unmengen an Forschungsmaterial und Büchern über diese Menschen geschrieben, die in diesem Gebiet lebten.
Nach übereinstimmender Meinung der Gelehrten hat diese Gemeinschaft die Schriftrollen vom Toten Meer verfasst.

Die Gemeinschaft kam Ende des 2. Jh. v. Chr. in die Gegend, unter anderem wegen der Korruption des Priestertums und des Königtums in Jerusalem. Auch sie erwarteten Gottes Eingreifen in die menschliche Geschichte, indem Er zwei Messiasse schickte: den Messias Ben Yoseph, einen sanftmütigen und demütigen Messias, und den Messias Ben David, einen Krieger und Befreier.

Diese Gemeinschaft war radikal auf das Studium der Heiligen Schrift, die tägliche Reinigung, das Baden und das Gebet fixiert.

Im Jahr 31 v. Chr. zwang ein schweres Erdbeben die Gemeinde dazu diesen Ort zu verlassen; sie kehrte jedoch während der Herrschaft von Archelaos am Ende des 1. v. Chr. zurück.

Während des Großen Aufstandes 66-73 n. Chr. übernahmen die römischen Truppen den Ort (68 n. Chr.) und zerstreuten die Gemeinde. Einige flohen nach Jerusalem, andere nach Masada. Beide erlebten ihr endgültiges Schicksal. Es gibt keine historischen, archäologischen oder biblischen Beweise dafür, dass Johannes der Täufer zu dieser Gemeinde gehörte, obwohl sie sich in der Nähe des Jordans befand, wo er taufte.

Römische Soldaten wurden unmittelbar nach dem Zweiten Aufstand 132-135 n. Chr. auf dem Gelände zurückgelassen. Schließlich wurde die Stätte verlassen und geriet in Vergessenheit, bis ein Beduine zufällig sieben Schriftrollen fand, die in Tonkrügen versteckt waren, und ein Wettlauf zwischen Gelehrten und Beduinen auf der Suche nach weiteren Schriftrollen begann.
Roland de Vaux und ein Team französischer Archäologen begannen mit der Ausgrabung der Stätte und ihrer Umgebung, und es wurden weitere Schriftrollen gefunden. Aufgrund der geringen Luftfeuchtigkeit blieben die in Gefäßen versteckten Schriftrollen fast zwei Jahrtausende lang erhalten, ebenso wie Bücher aus dem Tanach (Altes Testament), apokryphe Schriften und Schriftrollen über die Menschen und ihre täglichen Praktiken. Seit ihrer Entdeckung hat das Studium der Schriftrollen viel Licht auf die Welt der späten Periode des Zweiten Tempels geworfen. Heute sind einige der Schriftrollen im Schrein des Buches im Israel Museum in Jerusalem ausgestellt. Heute wird die Stätte von der Nationalparkbehörde verwaltet.

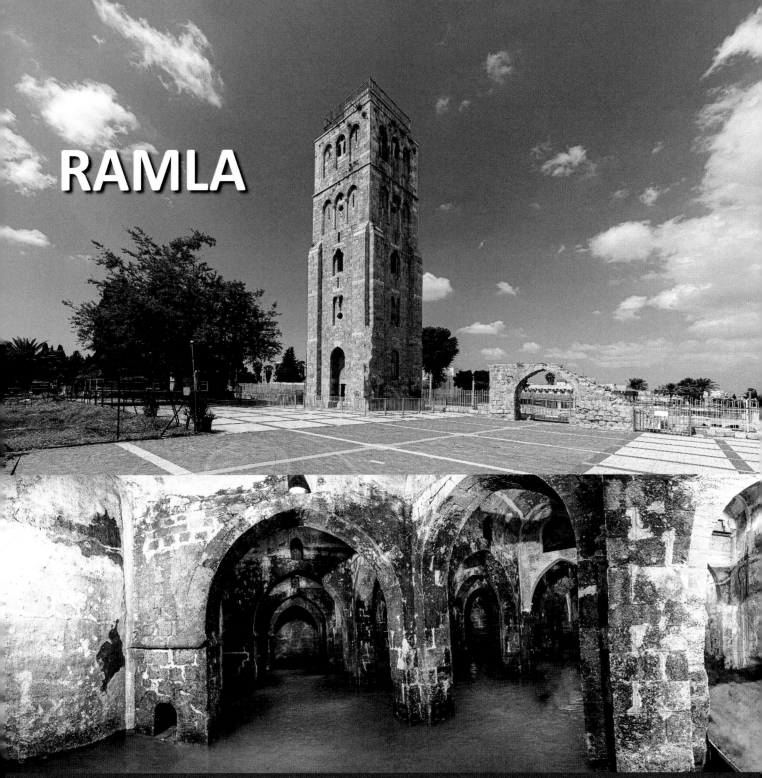

RAMLA

Die Stadt Ramla wurde im 8. Jh. n. Chr. erbaut. Sie war die erste Stadt im Land des Messias, die während des Umayyaden-Reiches von Muslimen gegründet wurde, und wurde danach von verschiedenen Mächten, die dieses Land überrannten, wieder besetzt, darunter: Abbasiden, Fatimiden, Seldschuken, Kreuzfahrer, Ayyubiden, Mamluken, Osmanen und heute Israel. Die Stadt wurde strategisch günstig an der antiken Via Maris erbaut, die den Durchgang zwischen Süden und Norden kontrollierte. Heute gibt es hier mehrere Attraktionen für Besucher, wie z. B. die Anlage des (quadratischen) Weißen Turms.

Ein Großteil der berühmten Weißen Moschee wurde im 8. Jh. n. Chr. erbaut und während der Zeit der Ayyubiden und Mamluken wieder aufgebaut. Das vollständigste Bauwerk ist der Weiße Turm, der 1318 n. Chr. von Sultan Muhammad Ibn Khaldun fertiggestellt wurde. Über den Zweck des Turms streiten sich jedoch die Gelehrten. Einige vermuten, dass er als Wachturm diente, von dem aus man die Küstenebene, das Judäische Gebirge und Samaria überblicken konnte. Andere meinen, er sei nur ein Minarett für den Muezzin gewesen, der die gläubigen Muslime

Eine weitere Attraktion der Stadt ist der gut erhaltene
Zisterne von Ramla, eines der wenigen erhaltenen Beispiele
abbasidischer Architektur in der Region aus dem Jahr 789.
Die Anlage ist ein seltenes Beispiel für die Bauweise der
frühen muslimischen Architektur.

Das Becken wurde durch ein Hauptaquädukt aus dem nahe
gelegenen Gezer in das Reservoir unter der Struktur des
Weißen Turms gespeist.

Heute dient es zur Unterhaltung von Familien, die zwischen
den Spitzbögen rudern, wo drei Säulenreihen aus Stein
errichtet wurden.

Jede Reihe hat fünf Säulen, und das Dach ruht auf
Spitzbögen. Sogar die Luken sind noch zu sehen, die
vielleicht früheren Generationen dazu dienten, Wasser aus
dem Becken zu schöpfen.

Weitere Sehenswürdigkeiten in Ramla sind: Das Museum
von Ramla, der Markt von Ramla, die Große Moschee, das
griechisch-orthodoxe St.-Georgios-Kloster, die
Franziskanerkirche St. Nikodemus und Josef von Arimathäa,
das Zentrum des karaitischen Judentums und vieles mehr.

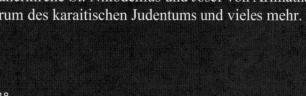

ROSH HANIKRA

Dies ist eine großartige Naturattraktion an der nordwestlichen Grenze zwischen Israel und dem Libanon, wo das Meer auf die Klippen trifft. Wunderschöne Grotten (Höhlen) sind im Laufe der Zeit entstanden, als die Wellen auf die Kreidefelsen trafen. Es gibt eine alte Legende von einem jungen Mädchen aus der Nähe der Stadt Akko, dessen Vater sie mit einem reichen, aber alten Mann aus dem Libanon verheiraten wollte. Eines Tages reiste das junge Mädchen mit ihrem Vater und ihrer Familie nach Tzur im Libanon, wo die Zeremonie stattfinden sollte.

Als sie an Rosch Hanikra vorbeikamen, sprang das Mädchen vom Pferd in die stürmische See und wurde nie wieder gesehen. Deshalb kann man beim Betreten der geheimnisvollen Grotte, wenn man genau hinhört, ein melancholisches Lied von ihr hören. Ob die Geschichte wahr ist oder nicht, wissen wir nicht, aber das nimmt der Stätte nichts von ihrer geheimnisvollen und romantischen Seite. Während der britischen Mandatszeit sprengten südafrikanische Soldaten die Höhlen, um Platz für die Libanon-Haifa-Eisenbahn zu schaffen, wobei ein Teil der Gleise heute noch sichtbar ist. Die Grotte ist mit einer sehr steilen Seilbahn mit einer Steigung von 60 % zu erreichen, die als eine der steilsten Seilbahnen

SAINT PETER PRIMACY

(BROTVERMEHRUNGSKIRCHE)

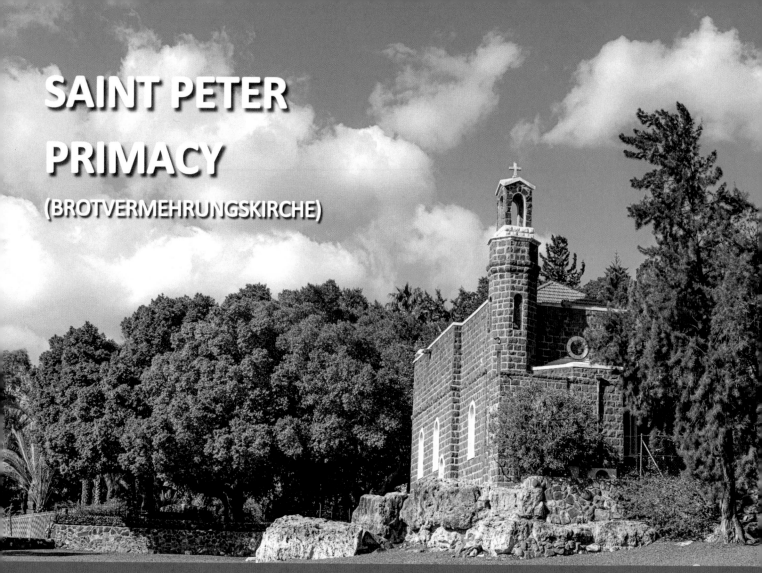

Die Ereignisse, von denen wir im Johannesevangelium 21 lesen, finden nach der Auferstehung statt. Die Jünger Jesu waren in Galiläa zu ihrem alten Beruf zurückgekehrt (einige waren Fischer). Wie es ihre Gewohnheit war, gingen einige von ihnen die ganze Nacht fischen, ohne etwas zu fangen. Erschöpft und vielleicht enttäuscht trafen sie Jesus am frühen Morgen am Ufer und erkannten Ihn erst, als Er sie anwies, ihre Netze auf die rechte Seite zu werfen.

Im Mittelpunkt von Johannes 21 steht jedoch nicht der Fang der Fische, sondern die Wiederherstellung von Petrus' früherer Berufung - Menschenfischer zu sein. Nachdem Petrus dreimal bereut hatte, dass er Jesus verleugnet hatte, versicherte ihm Jesus seine Berufung, sich um Seine Herde zu kümmern und sie zu weiden. Dann fragte Er Petrus dreimal, ob er Ihn liebe, was um des Petrus willen geschah und nicht um Jesus willen.

Petrus hatte dreimal öffentlich geleugnet, Ihn zu kennen, also musste Jesus ihn auch öffentlich wiederherstellen, damit die Menschen nicht an den anderen Jüngern zweifelten, und um Petrus daran zu erinnern, sich nicht um andere zu sorgen, sondern Jesus zu folgen.

Genau aus diesem Grund suchten die frühen Christen diesen Ort auf, um sich an diese heiligen Stätten zu erinnern und sie zu verehren.

Egeria, die zwischen 381 und 384 n. Chr. kam, erwähnte den Ort als Mensa Christi (Tisch Christi), an dem Jesus nach der Überlieferung, die sie von den Gläubigen vor Ort gehört hatte, seinen Jüngern das Frühstück servierte. Sie erwähnte das Kirchengebäude nicht, was darauf hindeutet, dass es erst später gebaut wurde.

Irgendwie überdauerte die Kirche länger als die anderen am See, denn sie wurde bereits im 9. Jh. n. Chr. erwähnt, ebenso wie die sechs herzförmigen Steine, die als die zwölf Throne bezeichnet werden, obwohl wir ihren praktischen Nutzen nicht kennen. Die Kirche wurde 1263 n. Chr. zerstört.

Die heutige Kapelle wurde auf den Ruinen der früheren Kirche errichtet, die 1933 unter der Obhut der Franziskaner gebaut wurde. Sie wurde am Ufer des See Genezareth errichtet und bietet einen direkten Zugang zum Wasser, wo man seine Füße eintauchen und kleine Kieselsteine sammeln kann. Schwimmen ist nicht erlaubt.

SCHIVTA

Schivta befindet sich in der Wüste Negev und ist eine der fünf nabatäischen Städte, die entlang der Gewürzroute durch die Wüste zum antiken Hafen von Gaza errichtet wurden.

Obwohl es in der byzantinischen Zeit keine Quelle oder einen Brunnen in der Nähe gab, um Wasser zu schöpfen, wurde die Stadt dank des Einfallsreichtums der Nabatäer beim Sammeln von Regenwasser in Reservoirs und Zisternen in eine Oase verwandelt.

Man brauchte Wasser für Weinberge, Obstbäume, Weizen, Gerste und Viehzucht, die vor 1.500 Jahren üblich waren.

Wasserspeicher und Zisternen waren eine unglaubliche Errungenschaft, obwohl es nur wenig Regen gab, dafür aber Sturzfluten, die auch heute noch auftreten.

Das genaue Baudatum ist unklar, aber aufgrund der Töpferei scheint es, dass die erste Besiedlung zwischen dem Ende des 1. Jh. v. Chr. und dem 1. Jh. n. Chr. stattfand. Der größte Teil der Infrastruktur wurde viel später zwischen dem 4. bis 5. Jh. n. Chr. gebaut.

Schivta erlebte ihre Blütezeit in der byzantinisch-christlichen Ära, als ihre Bewohner durch das Unternehmertum auf der Gewürzstraße zu großem Reichtum gelangten und den Pilgern dienten, die ihre Kirchen und Reliquien besuchten. Die ersten Bewohner der Stadt waren Nomaden, die sich in der Gegend niederließen und Kamele, Ziegen und Schafe züchteten. Mit dem Aufkommen des Christentums in der Region im 4. Jh. n. Chr. wurden sie schließlich zu Christen und Bauern.

Trotz der muslimischen Invasion im 7. Jh. n. Chr. blieb Schivta bestehen, doch nachdem hohe Steuern erhoben wurden, verließen die Bewohner nach und nach Schivta, und im 9. Jh. n. Chr. wurde das Gebiet aufgegeben. Heute können wir folgendes besichtigen: Das Stallgebäude, das Poolhaus, der Poolplatz, drei Kirchen, die Moschee, der Aussichtspunkt, die Weinpresse und vieles mehr...

SEE
GENEZARETH
(GALILÄISCHES MEER)

Der See Genezareth liegt im syrisch-afrikanischen Graben, südöstlich von Galiläa und den Golanhöhen im Osten. Er hat einen Umfang von etwa 53 km, 21 km von Norden nach Süden, 13 km von Osten nach Westen und eine maximale Tiefe von etwa 44 Metern. Das Gebiet war bereits in der Netufian-Kultur (ca. 12000-9500 v. Chr.) besiedelt, als in En Gev ein Dorf aus dieser Zeit gefunden wurde.

Dieses Gewässer hat im Laufe seiner Geschichte je nach den Bewohnern an seinen Ufern viele Namen erhalten: Kinneret-See, See von Galiläa und See von Kinneret, der nach übereinstimmender Meinung der Wissenschaftler mit der antiken Stadt Kinneret (Tel-Oreimeh) aus der späten Bronze- und Eisenzeit verbunden war. Es wurde vermutet, dass der See nach der Stadt benannt ist und nicht umgekehrt. Er ist auch als See von Gennesaret, See von Ginosar, See von Tiberias, See von Tiberias usw. bekannt.

Das Seegebiet ist eine Verlängerung der Via Maris, die Ägypten mit Damaskus und Mesopotamien verband und die antiken Mächte, die die umliegenden Gebiete kontrollierten, dazu veranlasste, Städte und Ortschaften um das Seegebiet herum zu errichten.

Der Tourismus ist zu einem wichtigen Bestandteil des Sees geworden, da er mit Jesus in Verbindung gebracht wird und es biblische Hinweise auf sein Wirken am See gibt, wie z. B. das Ertrinken der Schweine (Markus 5:1-20), Jesus' häufige Durchquerung des Gebiets (Matthäus 8:23; Markus 8:10), das Wunder der Beruhigung des Wassers (Matthäus 8:23-27), Jesus ging auf dem Wasser (Matthäus 14:22-33), das Wunder des riesigen Fangs (Lukas 5:1-11), das Wunder von Petrus' Fisch (Matthäus 17:24-27), Jesus stellte Petrus wieder her (Johannes 21), und andere. Ganz zu schweigen von all den heiligen Stätten rund um den See: Kapernaum, Magdala, Tabgha (die Speisung der 5.000 Menschen), Brotvermehrungskirche, der Berg der Seligpreisungen und Kursi.

Bevor der Staat Israel Alternativen zur Wasserversorgung seiner Einwohner durch Entsalzung und Recycling entwickelte, lieferte der See den größten Teil des Trinkwassers. Zum Zeitpunkt der Erstellung dieses Buches werden etwa 15 % des Wassers für verschiedene Formen des täglichen Konsums verwendet.

Zu den Entdeckungen, die in den letzten Jahrzehnten am See Genezareth gemacht wurden, gehören Magdala (siehe Magdala) und das so genannte "Jesusboot", bei dem es sich in Wirklichkeit um ein antikes Fischerboot aus dem 1. Jh. n. Chr. handelt.

Gegen Ende des Osmanischen Reiches im Jahr 1917 erlebten die Gebiete am Seeufer eine landwirtschaftliche Entwicklung und einen Aufschwung in der Landwirtschaft, der bis heute mit der Gründung von kommunalen Bauerndörfern, den so genannten Kibbuz (1909), anhält.

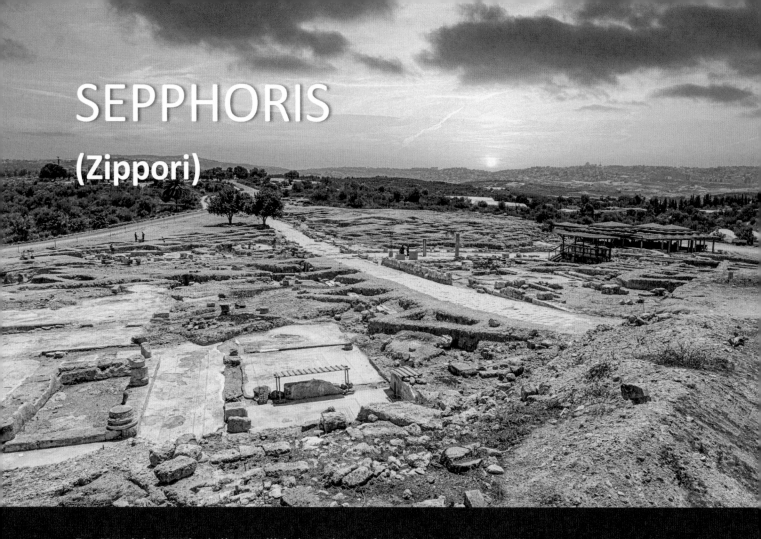

SEPPHORIS
(Zippori)

Der Hügel der Sepphoris liegt südlich des Beit-Netofa-Tals im westlichen Galiläa.
"Warum wird er Sepphoris genannt? Weil er wie ein Vogel auf der Spitze der Berge thront" (Babylonischer Talmud, Megilla, 6a).

Obwohl das obige Zitat auf eine jüdische Tradition zurückgeht, war der tatsächliche Ursprung des Namens nicht klar. Die Römer nannten sie Diocaesarea (die Stadt des Gottes Zeus und des Cäsar).

Sepphoris wird erstmals während der Herrschaft der Hasmonäer-Dynastie unter Alexander Jannäus (103 v. Chr.) erwähnt. Nach 63 v. Chr. annektierte Pompeius Judäa und Samaria dem Römischen Reich. Im Jahr 55 v. Chr. wurde Sepphoris die Hauptstadt von Galiläa, wie von Gabinus zum Gouverneur von Syrien erklärt.

Obwohl Herodes der Große von den Römern zum König von Judäa ernannt wurde, nahm er diese Position erst 37 v. Chr. gewaltsam ein. Sepphoris war weiterhin die Hauptstadt von Galiläa.

Nach dem Tod des Herodes beschloss die jüdische Bevölkerung, sich aufzulehnen, doch General Publius Varus brachte sie unter Kontrolle, brannte die Stadt nieder und verkaufte die jüdische Bevölkerung in die Sklaverei. Unter der Herrschaft von Herodes Antipas wurde die Stadt wieder aufgebaut.

Aufgrund der Nähe zu Nazareth ist es sehr wahrscheinlich, dass der junge Jesus und sein Vater Joseph hierherkamen, um Arbeit zu suchen, vor allem als die Stadt wiederaufgebaut und erweitert wurde. Josephs Beruf als Steinmetz (Tektōn) oder Handwerker war sehr gefragt.

Während der ersten jüdischen Revolte schloss die jüdische Bevölkerung einen Vertrag und beschloss, sich der Rebellion zu enthalten. Die Stadt wurde von der zweiten jüdischen Revolte unter der Führung von Bar Kochba (132-135 n. Chr.) verschont. Zu diesem Zeitpunkt wurde der Name in Diocesarea geändert.

Rabbi Yehudah Hanasi zog zusammen mit dem Sanhedrin nach Sepphoris um. Nach der Zerstörung des Tempels zog der Sanhedrin von Jerusalem nach Yavne, nach Usha, nach Shefar'am, nach Bet Schearim und dann hierher nach Sepphoris, um schließlich Tiberias zu erreichen. Hier aber hat Rabbi Jehuda die Mischna (mündliches Gesetz) zusammengestellt und niedergeschrieben.

Im 4. Jh. n. Chr. hatte das Christentum Sepphoris erreicht, und in dieser Zeit wurden unter der Aufsicht von Joseph (einem jüdischen Anhänger Jesu) und mit der Unterstützung des Kaisers Konstantin Kirchen gebaut, was ihm den Titel "Freund des Kaisers" einbrachte.

Obwohl die Stadt durch das Erdbeben im Jahr 363 n. Chr. schwer beschädigt wurde, wurde sie sofort wieder aufgebaut. Sepphoris blühte mit seiner gemischten jüdischen und christlichen Bevölkerung weiter auf, ging aber mit dem Aufkommen des Islam zurück.

Sepphoris wurde im 12. Jh. von den Kreuzfahrern eingenommen, die es zu einer Stadtfestung machten – dem Fürstentum Galiläa. Von hier aus marschierte das Kreuzfahrerheer zur Schlacht von Hattin, wo es von den Ayyubiden besiegt wurde und am 4. Juli 1187 n. Chr. das Erste Königreich Jerusalem verlor.

Im 18. Jh. n. Chr. befestigte Daher el-Ommar, der Beduinenherrscher von Galiläa, Saffuriyyeh, das 1948 arabische Banden beherbergte, die während des israelischen Unabhängigkeitskrieges gegen die jüdische Bevölkerung vorgingen. Schließlich wurden sie von den Israelis besiegt, und Jahrzehnte später wurde der Ort zum Nationalpark erklärt.

Bei einem Besuch sollten Sie Folgendes sehen: Das antike Wasserreservoir, das Mascha-Becken, das Straßennetz, das Nilhaus, die Westkirche und das Orpheushaus, das Dionysoshaus (die schöne Frau, die als Monalisa von Galiläa bekannt ist), die Festung, das römische Theater und vieles mehr.

SILO

Vor dem Eintreffen der Israeliten war Silo bereits eine ummauerte Stadt aus der mittleren Bronzezeit (18.-16. Jh. v. Chr.) mit einem gut etablierten Zentrum der Anbetung. Dies geht aus den dort gefundenen kultischen Materialien und der Kultur hervor.

Die Besiedlung des Berglandes des halben Stammes Manasse und Ephraim begann im 13. bis 12. Jh. v. Chr. und machte Silo zur geistigen Hauptstadt der Stämme, da die Bundeslade dort etwa vier Jahrhunderte lang ruhte.

Einigen der Stämme wurde der Teil ihres Landes in Silo zugewiesen (Josua 18:1-19:51); dazu gehörten die levitischen Städte (Josua 21:1-2). Da sich in Silo die Bundeslade befand, die die Gegenwart Gottes repräsentierte, begannen die Kinder Israels, zu dieser Stätte zu pilgern (Richter 21:19). Silo war die Heimat von Eli, dem Priester und Mentor des Propheten Samuel, dessen Mutter Hanna für ein Kind betete (1. Samuel 1:1-19).

Nach dem heftigen Kampf gegen die Philister bei Ebenezer, als diese begannen, in das Bergland vorzudringen, wurde die Bundeslade genommen und nach Aschdod gebracht (1. Samuel 5,1). Silo wurde im 11. Jh. v. Chr. zerstört, vermutlich unmittelbar nach der Schlacht von Ebenezer. Die Stadt lag über ein Jahrhundert lang in Trümmern, wurde später im 7. Jh. v. Chr. vom Nordreich wieder aufgebaut und fiel schließlich zwischen 722 und 712 v. Chr. erneut. Die Könige von Assyrien Salmanassar und Sargon II. nahmen die königliche Familie, die Elite und einen hohen Beamten in Gefangenschaft und ließen die Armen zurück, um das Land weiter zu bebauen (2. Könige 17:5-6).

Während der römischen und byzantinischen Zeit war Silo wieder bewohnt. In der byzantinischen Zeit wurden Kirchengebäude errichtet, und eines der Mosaike trug dazu bei, den Ort mit dem biblischen Silo zu identifizieren, das auch von den früheren Christen verehrt wurde.

Viele Kirchen wurden im 7. Jh. n. Chr. durch die persische Invasion systematisch zerstört und viele von ihnen wurden nie wieder aufgebaut. Während der osmanischen Zeit wurde im südlichen Bereich des alten Silos eine Moschee gebaut und Jamia el Yeteim (Moschee der Waisen) genannt.

SOREQ HÖHLE

Bis zum Mai 1968 ahnte niemand - vielleicht nicht einmal zu Anbeginn der Geschichte -, welch großartiger Schatz vor den Augen der Menschen verborgen war. Damals wurde zufällig eine Stalaktiten-Stalagmiten-Höhle bei Steinbrucharbeiten in den westlichen judäischen Hügeln entdeckt. Die Höhle hat eine maximale Länge von 91 m, eine maximale Breite von 80 m und eine maximale Höhe von 15 m, mit einer Gesamtfläche von 4.800 Quadratmetern.

Um die Höhle für die Öffentlichkeit zugänglich zu machen, muss sie das ganze Jahr über unter natürlichen Bedingungen bei 22° C und einer Luftfeuchtigkeit von 92-100% bleiben. Stalaktiten sind das Ergebnis der Auflösung und Ablagerung von Gestein. Im Laufe der Zeit kann Wasser in einem sehr langsamen Prozess das in diesem Gebiet vorhandene Dolomitgestein auflösen. Das Wasser dehnt sich dann aus, löst das Gestein auf und lässt diese wunderbare Naturskulptur entstehen.

Nach der Entdeckung der Höhle wurde der Abbau in der Nähe gestoppt, und ein Jahrzehnt später wurde die Höhle nach sorgfältiger Prüfung, wie sie für künftige Generationen erhalten werden kann, der Öffentlichkeit zugänglich gemacht.

Es wurden große Anstrengungen und Investitionen unternommen, um die Höhle zu schützen und zu erhalten, obwohl sie im Land des Messias von geringer Bedeutung ist.

Die Atmosphäre in der Höhle, der Kohlenmonoxid Gehalt, die Temperatur und die Luftfeuchtigkeit werden ständig überwacht, auch die Umgebung, die die "Lebensquelle" der Höhle darstellt - der versickernde Regen.
Heute steht die Soreq-Höhle unter dem Schutz des israelischen Naturreservats

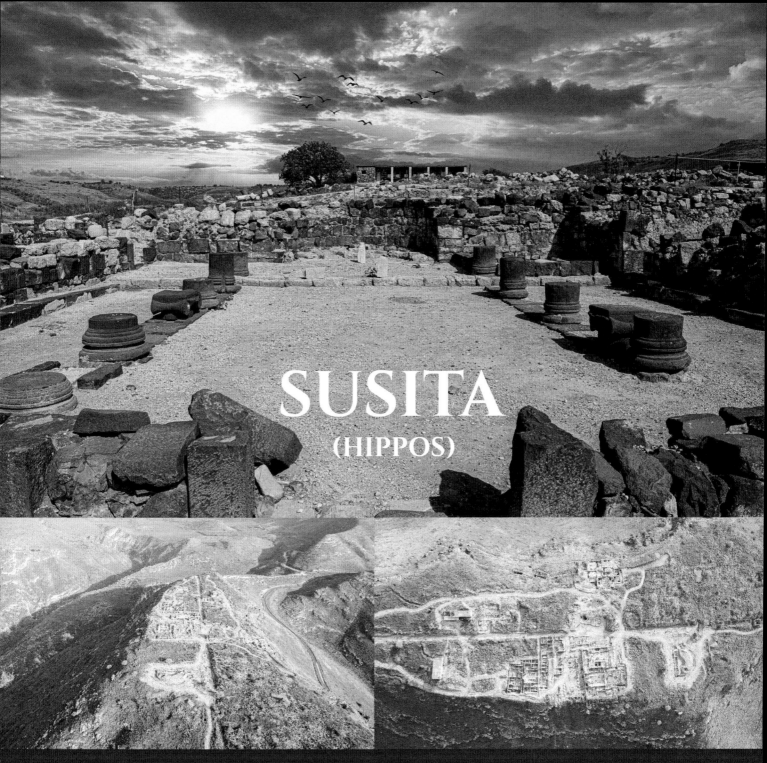

SUSITA
(HIPPOS)

Susita ist eine der Dekapolis-Städte, die während der hellenistischen, römischen und byzantinischen Periode im Zentrum der Golanhöhen, am Ostufer des See Genezareth und praktisch gegenüber von Tiberias lagen. Heute gibt es nur noch zwei Dekapolis-Städte in Israel (Bet Sche'an ist die andere), die übrigen liegen im Haschemitischen Königreich Jordanien.

Die Stadt wurde zu Beginn des 2. Jh. v. Chr. von den Seleukiden erbaut und Antiochia-Hippos genannt. Sie ähnelt der Form eines Pferdes, daher wurde die Endung hippos (Pferd) verwendet. Da es der Stadt an Wasser fehlte, wurden Zisternen gebaut, bis schließlich in der römischen Zeit Wasser über Aquädukte von den Quellen auf den Golanhöhen herangeschafft wurde. Während der Hasmonäerzeit (83-80 v. Chr.) wurde die Stadt von Alexander Jannäus erobert, der die Einwohner zwang, zum Judentum zu konvertieren oder die Stadt zu verlassen. Viele entschieden sich für Letzteres.

Dieser Anschluss an das neue jüdische Königreich dauerte nicht lange, als Pompeius 63 v. Chr. in den Nahen Osten kam, das gesamte hasmonäische Königreich eroberte und in das Römische Reich eingliederte. Danach erhielt die Stadt als eine der Dekapolis-Städte eine Halbautonomie, obwohl sie für kurze Zeit als Geschenk von Augustus (37-4 v. Chr.) Teil des Reiches von Herodes wurde. Nach dessen Tod kam die Stadt unter die Kontrolle des Bezirks Damaskus.

Während der Römerzeit wurde die Stadt umgestaltet und erweitert, und es wurden neue öffentliche Gebäude errichtet. Während des Großen Aufstandes 66-73 n. Chr. blieb Hippos verschont, da die Einwohner überwiegend Heiden waren und dem jüdischen Nationalismus gleichgültig gegenüberstanden. Als das Römische Reich während der byzantinischen Zeit christlich wurde, wurden viele Kirchen in der Stadt gebaut, die ihr eine erhebliche Bedeutung verliehen.

Trotz der Eroberungen im 7. Jh. n. Chr. durch die Perser (614 und 636 n. Chr.) ging die Bevölkerung von Hippos zurück, auch wenn sie sich zum Christentum bekennen durften. Das Ende von Hippos kam jedoch, als 749 n. Chr. ein schweres Erdbeben das Land erschütterte, seine massiven Säulen zum Einsturz brachte und viele Menschen tötete. Die Überlebenden verließen den Ort, der nie wieder aufgebaut wurde.

Die Stätte steht unter der Obhut der Nationalparkbehörde und ist zum Zeitpunkt der Ersgellung dieses Buches täglich kostenlos für die Öffentlichkeit zugänglich.

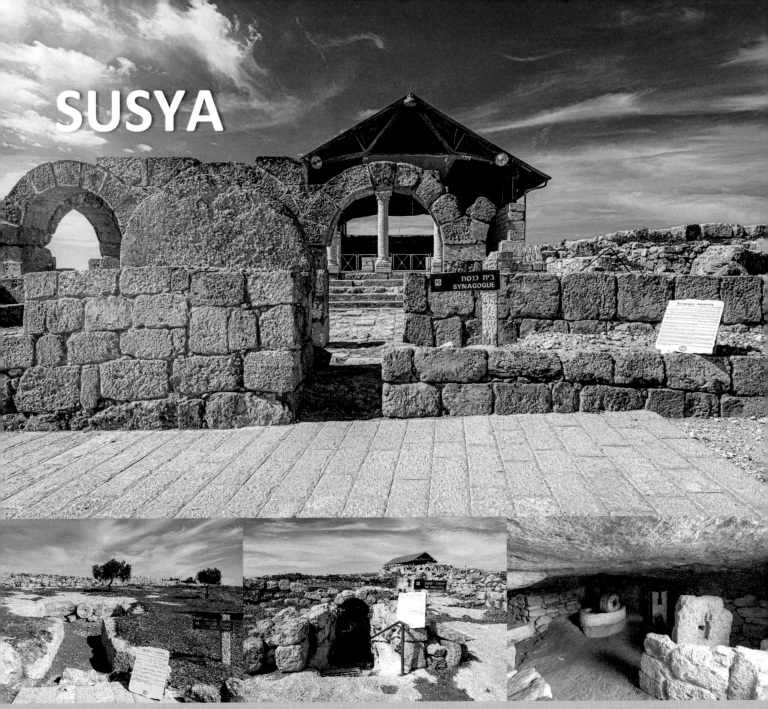

SUSYA

Susya ist eine antike jüdische Stadt, die südöstlich des Berges Hebron liegt. Zu biblischen Zeiten befand sie sich am südlichen Rand des Stammes Juda, praktisch am Rande der judäischen Wüste und war eine Halbwüste. Da der jährliche Niederschlag gering ist, wurden Tausende von Wasserzisternen gegraben, um den Mangel auszugleichen.

Susya war eine große organisierte jüdische Stadt, die Jahrhunderte nach der Zerstörung des Zweiten Tempels in Jerusalem bestand. Sie entwickelte sich nach dem zweiten jüdischen Aufstand, auch bekannt als Bar-Kokhba-Aufstand, in den Jahren 132-135 n. Chr. und erreichte ihren Höhepunkt zwischen dem Ende der byzantinischen und dem Beginn der arabischen Periode (im 7. Jh. n. Chr.).

Was Historiker und Archäologen gleichermaßen verblüfft, ist die Tatsache, dass Susya trotz ihrer Größe und zentralen Lage weder in den jüdischen Quellen ihrer Zeit noch von Kirchenvater Eusebius in seinem Onomastikon erwähnt wird, was uns vielleicht zu der Annahme veranlasst, dass Susya erst nach dem 5. Jh. n. Chr. gebaut wurde.

Nach der Zerstörung des Tempels in Jerusalem im Jahr 70 n. Chr. und seiner Wiederherstellung durch Yavne wurde das jüdische Leben sehr gemeinschaftsorientiert, so dass die Bevölkerung in organisierten Städten leben konnte. Die Stadt zeigte, wie gut organisiert alles war, von der sorgfältigen Planung bis zur Ausführung von privaten Wohnungen, öffentlichen Gebäuden, Straßen und dem Wasserversorgungssystem.

Wir wissen wenig über die letzten Phasen von Susya oder darüber, wie lange die Gemeinschaft hier lebte, einschließlich ihrer Natur im Mittelalter mit ihren muslimischen Herrschern.

Die wenigen Keramikfunde aus der Zeit der Kreuzfahrer bis hin zu den Mamluken deuten auf eine spärliche Besiedlung im 13.-14. Jh. n. Chr. hin, so dass wir nicht genau wissen, welchen Charakter die Stadt in dieser Zeit hatte und was zu ihrer endgültigen Aufgabe führte.

Was man in Susya sehen kann: Die Wasserzisternen, die Grabhöhle, die Wandhäuser, die Mikwe (Reinigungsbecken), die Wohnhäuser, die Bogenhöhle (Wohnhöhle), der Fluchttunnel, die Olivenpresse, die Synagoge und die öffentliche Höhle.

TABGHA

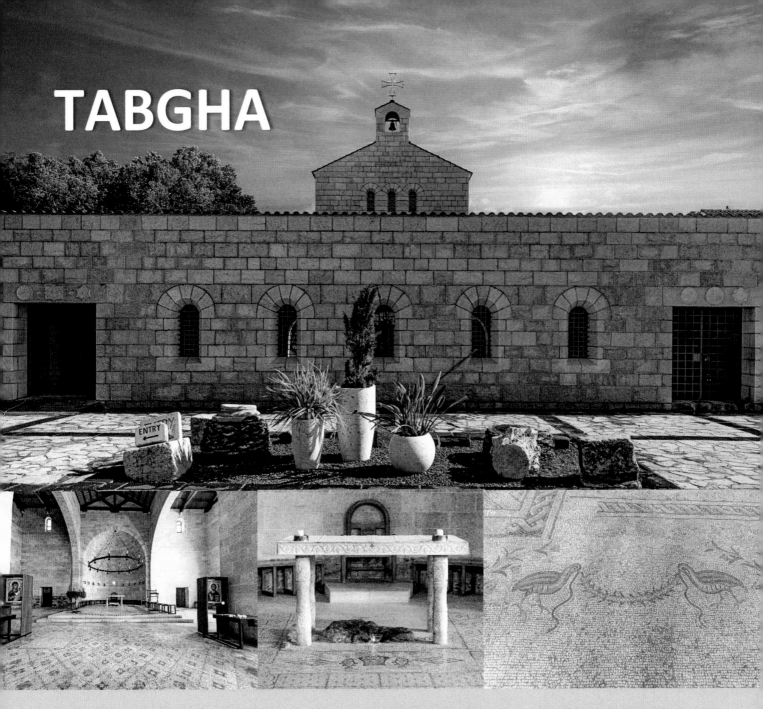

Auch bekannt als die Kirche der Speisung der Fünftausend. Das Wort Tabgha ist eine Verfälschung des griechischen Heptapegon (sieben Quellen) ins Arabische. Sie befindet sich nordwestlich der Ecke des See Genezareth an der alten Straße von Tiberias nach Damaskus.

In Matthäus 14,13-21 lesen wir, wie Jesus mit fünf Broten und zwei Fischen fünftausend Männer satt machen konnte, Frauen und Kinder nicht mitgezählt. Der Text sagt nicht, dass er die Nahrung vermehrte, sondern dass er sie satt machte. Antonine Lavoiser, ein Wissenschaftler des 18. Jh., entdeckte, dass Materie weder geschaffen noch zerstört, sondern nur umgewandelt werden kann.

Doch in diesem Fall widersetzte sich Jesus der Physik, da die Materie mit einem Attribut geschaffen wurde, wie wir in 1.Mose 1:1 sehen. In diesem Fall zeigt sich, dass Jesus mehr ist als nur ein Lehrer oder Heiler, sondern Einer, der Materie aus dem Nichts erschaffen kann. Aus dem Wenigen, das man hat, kann Er Überfluss machen, damit andere versorgt werden können.

Die frühen Christen ordneten das Wunder zusammen mit der Bergpredigt und der Wiederherstellung durch Petrus nach der Auferstehung dem heutigen Ort zu.

Nach christlicher Überlieferung verehrten die frühen Anhänger Jesus' aus Kapernaum einen großen Stein, den Jesus benutzte, um das Brot und die Fische zur Speisung der fünftausend Menschen auszulegen. Derselbe Stein wurde als Altar in der Mitte der ersten Kirche verwendet, die jemals an diesem Ort gebaut wurde - direkt neben der antiken Via Maris von einem Judenchristen aus Tiberias namens St. Josipos.

Am Ende des 5. Jh. n. Chr. wurde darauf eine Kirche im byzantinischen Stil mit einem wunderschön verzierten Mosaikboden mit starkem ägyptischem Einfluss gebaut. Der Stein, der zu diesem Zeitpunkt bereits verkleinert war, wurde unter dem Altar platziert.

Während der persischen Invasion im Jahr 614 n. Chr. wurde die Kirche zerstört und geriet in Vergessenheit, bis sie 1932 wiederentdeckt wurde, wobei ein Teil des Mosaiks überraschenderweise noch intakt war. In den Jahren 1980-82 wurde die alte byzantinische Basilika wiederaufgebaut und wird vom Benediktinerorden verwaltet.

TEL ARAD

Die Stätte befindet sich am südlichen Rand der judäischen Wüste und stammt aus der Zeit zwischen dem Chalkolithikum und der byzantinischen Periode. In dem Chalkolithikum (ca. 4000-3400 v. Chr.) war die Siedlung nicht ummauert, was sich jedoch in einer späteren Periode der frühen Bronzezeit (ca. 2900-2700 v. Chr.) änderte, als auf der vorherigen Siedlung eine große Stadt mit einer dicken Mauer (fast 2 m dick) errichtet wurde, die sich über die gesamte Länge erstreckte. Es handelte sich um eine wohlhabende Stadt, die an der Kreuzung von Handelswegen lag. Es war eine gut geplante Stadt mit einem Tempel.

In 4. Mose 21:1 und 33:40 wird erwähnt, dass die Hebräer aus Ägypten daran gehindert wurden, durch dieses Gebiet zu ziehen, obwohl sie sie schließlich besiegten, wie in Josua 12:7 und 14.berichtet wird.

Gelehrte fragen sich heute, ob Tel Arad tatsächlich das kanaanäische Arad (Hormah) ist, da hier keine spätbronzezeitlichen Schichten gefunden wurden - die Zeit der Ankunft der Israeliten. Es wird vermutet, dass das biblische Arad eher ein Gebiet als eine bestimmte Stadt war und Hormah sich an einem anderen Ort befand.

Die israelitische Periode stammt aus der Eisenzeit (11. Jh. v. Chr.), die eine Festung auf dem Gipfel des Tells war.
Er hat Schutzmauern und einen Turm und ist der einzige erhaltene israelitische Tempel mit einem Altar, einer heiligen
Stätte, dem Allerheiligsten und Nachbildungen von Matsevot (stehenden Steinen), die Gottheiten darstellen, in diesem
Fall den Gott Israels und seine Aschera oder Gefährtin.

Die Anwesenheit dieses Tempels hat enorme theologische Probleme und Implikationen verursacht. Die Soldaten, die
an diesem abgelegenen Ort stationiert waren, beteten den Gott Israels und seine Aschera oder Gemahlin an.
Nur Jerusalem war der Ort, an dem der Gott der Israeliten angebetet und geopfert werden durfte, aber Arad war nicht
der einzige Ort, der sich in einem solchen Dilemma befand - Beer Sheva und Lachisch ebenfalls.
Was führte dazu, dass die Anbetung des Gottes der Hebräer in Arad zu Ende ging? Die stehenden Steine zeigten
Anzeichen von Gewalt. War dies das Ergebnis der sogenannten "Hiskia-Reformation" oder war es eine fremde Macht,
die stärker war als der judäische König?

Sicherlich hatten die Assyrer viel mit der Zerstörung der judäischen Städte und Dörfer zu tun, einschließlich dieser.
Als Hiskia 701 v. Chr. beschloss, zu rebellieren, kam König Sanherib mit seiner Armee wie die Heuschrecken, nicht
nur um bezahlt zu werden, sondern um seinem Zorn Luft zu machen. Sie zerstörten diese Stätte und plünderten die
Tempel, um die Souveränität der assyrischen Götter über die Götter derer zu demonstrieren, die sie erobert hatten.
Das Gebiet wurde in hellenistischer, hasmonäischer, römischer und byzantinischer Zeit wieder genutzt.
Bei der Besichtigung des Geländes sollte man bedenken, dass die Israeliten noch nicht im Besitz der kanaanitischen
Stadt waren, als diese aktiv war. Und als die israelitische Festung danach funktionierte, war die kanaanäische Stadt
längst verschwunden.
Heute wird Tel Arad von der Nationalparkbehörde verwaltet.

TEL AZEKA
(ASEKA)

Tel Azeka liegt zwischen dem Elah-Bach (Tal) und der Kreuzung mit der Straße nach Bet Schemesch; das Gebiet ist als Schefela oder Tiefebene bekannt.

Basierend auf archäologischen Ausgrabungen, die zu Beginn des 20. Jh. durchgeführt wurden, weist die vor Ort gefundene materielle Kultur auf eine Besiedlung seit dem zweiten Jahrtausend v. Chr. (ca. 1900 v. Chr.) hin.

Die erste biblische Erwähnung stammt aus dem Buch Josua über die Eroberung des Landes durch die Israeliten (Josua 10:10-11) und wurde dem Stamm Juda gegeben (Josua 15:20, 35-36). Zwischen dem 11. und 8. Jh. v. Chr. stand sie unter der Kontrolle der judäischen Könige und bildete eine territoriale Grenze zu den Philistern, die in der Nähe wohnten.

Eine der bekanntesten biblischen Schlachten fand im Tal von Elah statt. Die Philister kamen, um die Streitkräfte von König Saul herauszufordern, und niemand war mutig genug, gegen den furchterregenden Mann aus Gat - Goliath - zu kämpfen. David, der nur ein junger Bursche und Hirte war, aber unerschütterliches Vertrauen und Zuversicht in den Gott Israels hatte, trat vor und erschlug den Riesen und weckte das Vertrauen der übrigen israelitischen Soldaten, indem er ihre Feinde verjagte.
Im Jahr 701 v. Chr. war es eine der 46 Städte, die der assyrische König Sanherib in Judäa eroberte, nachdem sein Vater die Herrschaft über das Nordreich übernommen und Juda zu einem Vasallen der Assyrer gemacht hatte.

Nach der Eroberung der Assyrer durch die Babylonier und anschließend der Babylonier durch die Perser im Jahr 539 v. Chr. erlaubte König Kyrus den Exilanten die Rückkehr in ihre Heimat. Viele von ihnen taten dies, unter anderem Esra und Nehemia (Nehemia 11:1, 30). Azeka und andere Städte wurden wieder aufgebaut, standen aber weiterhin unter der Herrschaft der Perser.

In der spätrömischen Zeit wurde Azeka von den Römern im Zuge des Bar Kokhba-Aufstands 132-135 n. Chr. erneut zerstört.

Der Kirchenvater Eusebius von Caesarea stellte in seinem Buch Onomastikon fest, dass Azeka in byzantinischer Zeit als Kefar Sacharja bekannt war. Es wurde verlassen und liegt bis heute in Trümmern.

Zum Zeitpunkt der Erstellung dieses Buches wird die Stätte noch von Archäologen ausgegraben und steht unter der Aufsicht der Nationalparkbehörde. Sie ist für die Öffentlichkeit kostenlos zugänglich.

Der Blick von oben auf das Elah-Tal gibt uns eine bessere Vorstellung davon, wo sich die Israeliten und die Philister befanden, als sie sich gegenüberstanden.

TEL DAN

Wenn man Tel Dan besucht, kann man nicht glauben, dass sie im Nahen Osten liegt, zumal dieses Land zu 60 % aus Wüste besteht. Es ist, als würde man einen Miniwald mit einer so großen Vielfalt an Flora und Fauna auf einer Fläche von nur 120 Hektar betreten.

Die Dan-Quelle ist der wasserreichste der drei Flüsse, die den Jordan speisen. Kein Wunder, dass sich die ersten Siedler vor etwa 7.000 Jahren in dieser Gegend niederließen. In der Mitte der Bronzezeit (2700-2400 v. Chr.) war das Gebiet von einer gut befestigten Stadt umgeben, die auf einem Glacis errichtet wurde. Sie war unter dem Namen Lajisch bekannt und wurde später vom Stamm Dan eingenommen, der gegen die Philister kämpfte, um die Kontrolle über sein Gebiet zu erlangen.

So wurde Dan die nördlichste Grenze des Königreichs Israel und die erste, die von den Nordmächten erobert wurde. Nach dem Buch 1. Mose besiegte Abraham die fünf Könige in Lajisch (1. Mose 14:14). Während der israelitischen Zeit wurde die Stadt im 9. - 8. Jh. v. Chr. verstärkt und befestigt. Teile davon sind heute noch sichtbar, wie Mauern, Tore und Straßen.

Die wichtigste Entdeckung dieser Stätte war der sogenannte Abrahamsbogen aus der mittleren Bronzezeit. Damit ist er der älteste der Welt, zumindest aber konkurriert er mit dem Bogen von Aschkelon. Der Sockel des Altars und die Plattform wurden von Jerobeam errichtet. Es ist zu erwähnen, dass zum Zeitpunkt der Erstellung dieses Buches neben dem Altar, der Plattform (Bima) und anderen kultischen Gegenständen noch kein Tempel gefunden wurde.

Eine weitere wichtige Entdeckung war eine Tafel mit einer eingemeißelten Inschrift von König Hasael von Damaskus, der sich seines Sieges über Israel und die Könige aus dem Hause David rühmte. Dies war das erste Mal, dass das Haus David außerhalb der Bibel erwähnt wurde. Es ist heute im Israel-Museum in Jerusalem ausgestellt.

Neben einer schönen Wanderung durch das Naturreservat gibt es noch weitere Sehenswürdigkeiten wie: Das Planschbecken, der Pistazienausguck, der Puh-Bär-Baum, die Dan-Quelle, der "Garten Eden", das Kanaanitische Tor und das Israelitische Tor.

Dan fiel im 8. Jh. v. Chr. in assyrische Hände und wurde später bis zur Römerzeit wieder bewohnt, als die Menschen in die Nähe von Banias zogen und das Gebiet verlassen wurde.
Heute wird Dan von der Naturparkbehörde verwaltet.

TEL REHOV

Tel Rehov ist eine der größten kanaanitisch-israelitischen Stätten, die heute im Land gefunden wurden. Sie war über Hunderte von Jahren sowohl in der mittleren Bronzezeit als auch in der israelitischen Periode bewohnt und befindet sich im Jordantal in der Nähe der antiken Stadt Bet Sche'an. Heute umgeben landwirtschaftliche Felder die Stätte. Die Stadt war in der Bronzezeit sehr bekannt und wird in ägyptischen Aufzeichnungen wie der Stele von Pharao Seti I. (14.-13. Jh. v. Chr.) erwähnt.

Die beeindruckenden Funde sind heute im Israel-Museum in Jerusalem ausgestellt. Der größte Mosaikfußboden einer antiken Synagoge aus dem 6. Jh. n. Chr. und ein Bienenhaus (das größte im Nahen Osten bekannte aus dem 10. Jh. v. Chr.), in dem Honig hergestellt wurde, wurden freigelegt.

Aus dem 9. Jh, v. Chr. wurde eine Scherbe (Ton) mit dem Namen "Elisa" gefunden, aus der gleichen Zeit wie der Prophet Elisa, Schüler des berühmten Propheten Elia. Professor Amihai Mazar, einer der führenden Archäologen der Hebräischen Universität, konnte diesen "Elisa" jedoch nicht bestätigen.

Dr. Stephen Pfann von der Universität des Heiligen Landes stellte jedoch fest, dass "Elisa" in dieser Zeit kein gängiger Name war, und kam daher zu dem Schluss, dass sich der Name auf dem Keramikstück tatsächlich auf den Propheten Elisa bezieht.

Die Beweise für den Zusammenhang zwischen Tel Rehov und dem Propheten Elisa sind noch längst nicht erbracht. Zum Zeitpunkt der Erstellung dieses Buches ist das Gebiet vernachlässigt und die Lehmziegel sind zu Vogelnestern geworden, die die Mauern zerstören. Wir hoffen, dass die Nationalparkbehörde das Gebiet eines Tages schützen wird

TEL YIZREEL

Nach der Teilung des Königreichs Salomo Ende des 10. Jh. v. Chr. wurde das Königreich Israel in Nord und Süd geteilt – oder zwischen dem Königreich Israel (Norden) und Juda (Süden).

Yizreel (Jesreel) war während der Zeit des Nordreichs im 9. Jh. v. Chr. eine wichtige Stadt und wurde zur Hauptstadt. Sie liegt auf einem Hügel am westlichen Rand des Gilboa-Gebirges. Die Stadt war mit dem Zentrum des Landes in Richtung Jerusalem (heute über Dschenin) und dem Zugang zum großen Jesreelebene verbunden - im Grunde der Torwächter zu diesen wichtigen Handelswegen.
Aufgrund ihrer Lage war die Stadt bereits in der kanaanitischen Zeit ab etwa dem 15. Jh. v. Chr. bis zur Eisenzeit/Israelitenzeit bewohnt.

Das nördliche Königreich genoss eine wohlhabende Zeit und die materielle Kultur und Befestigungen in Hazor, Jezreel, Megiddo und Rehov können von diesem Wohlstand zeugen.

Doch wie alles im Leben ging auch diese Blütezeit zu Ende, beginnend mit der ersten assyrischen Invasion im Jahr 732 v. Chr.
In hellenistischer, hasmonäischer, römischer und byzantinischer Zeit wurde die Stadt wieder aufgebaut. Zur Zeit des Wirkens von Jesus war sie eine der Routen, die Er nahm, um über Samaria nach Jerusalem zu gelangen.
In der Zeit der Kreuzfahrer und der Osmanen war Yizreel ein kleines Dorf, dessen Überreste noch heute zu sehen sind.
Zum Zeitpunkt der Erstellung dieses Buches wird die Stätte noch ausgegraben und ist für die Öffentlichkeit kostenlos zugänglich.

TELL BE'ER SCHEVA

Das Tal von Tell Be'er Scheva und das Tal von Arad werden mit dem biblischen Negev von Juda gleichgesetzt. Aufgrund der Bachbetten, die als Durchgänge dienten, wählten die frühen Bewohner dieses Gebiet, um sich dort niederzulassen und Brunnen für sich selbst, ihre Landwirtschaft und das Weidevieh zu graben.

Obwohl der Ort den Namen Scheva oder Be'er Scheva trägt, war er nicht der Ort, an dem die Patriarchen (Abraham, Isaak und Jakob) lebten. Später wurde er jedoch als südliche Grenze des judäischen Königreichs bekannt.

Die Stätte war bereits seit dem Chalkolithikum des 4. Jahrtausends v. Chr. Jahrtausende lang bewohnt. Die nöchste Besiedlung war in der frühen Eisenzeit des 12. Jh. v. Chr. und hinterließ eine riesige Lücke von über zweitausend Jahren (d. h. die Bronzezeit).

Im 10. Jh. v. Chr. war sie eine geschlossene Siedlung, bis sie schließlich zu einer Verwaltungsstadt wurde. Unter den judäischen Königen begann man, die technologischen Fortschritte dieser Zeit zu nutzen, wie z. B. ein Glacis zur Verteidigung, dicke Kasemattenmauern und eine gut gebaute unterirdische Wasserzisterne.

Der bemerkenswerteste und zugleich theologisch umstrittenste Fund war ein gut erhaltener israelitischer Altar mit allen Utensilien wie steinernem Weihrauch, Frauenfiguren usw. Der Altar ist im Israel-Museum in Jerusalem ausgestellt.

Man kann sich fragen, wie das möglich ist, wenn der einzige Ort, an dem Weihrauch verbrannt und Opfer dargebracht wurden, in Jerusalem war? Dies war in dieser Zeit nicht nur in Tell Be'er Scheva der Fall, sondern auch in Arad und Lachisch, da in allen drei Orten Altäre und Schreine gefunden wurden.

Die sogenannte Hiskia- oder Josia-Reform war vielleicht eher eine lokale Reform als eine große nationale Reform. Die Beweise vor Ort zeigen, dass diese Praktiken bis zum 8. Jh. v. Chr. fortgesetzt wurden, als die Assyrer mindestens vierzig Städte Judas zerstörten und die Beute aus ihren Städten mitnahmen (siehe Lachisch).

Die Stätte wurde in der persischen Zeit vom 5.-4. Jh. v. Chr. erneut besetzt, aber nur als Festung, später während der hellenistischen Zeit im 3. bis 2. Jh. v. Chr. ein Tempel wurde darauf errichtet.

Während der herodianischen Periode (1. Jh. v. Chr. – 1. Jh. n. Chr.), der römischen Periode (2. - 3. Jh. n. Chr.) und der frühen arabischen Periode (7. - 8. Jh. n. Chr.) wurde die Anlage ebenfalls als Festung genutzt.

Sehenswertes: Eine Nachbildung des israelitischen Altars, das äußere Tor, der Brunnen, der Entwässerungskanal, das Haupttor, der Stadtplatz, der "Gouverneurspalast", das Wohnviertel, die Kasemattenmauer, das Wassersystem und vieles mehr.

Tell Be'er Scheva ist nicht nur ein Nationalpark, sondern verdient auch den Titel eines Weltkulturerbes der UNESCO.

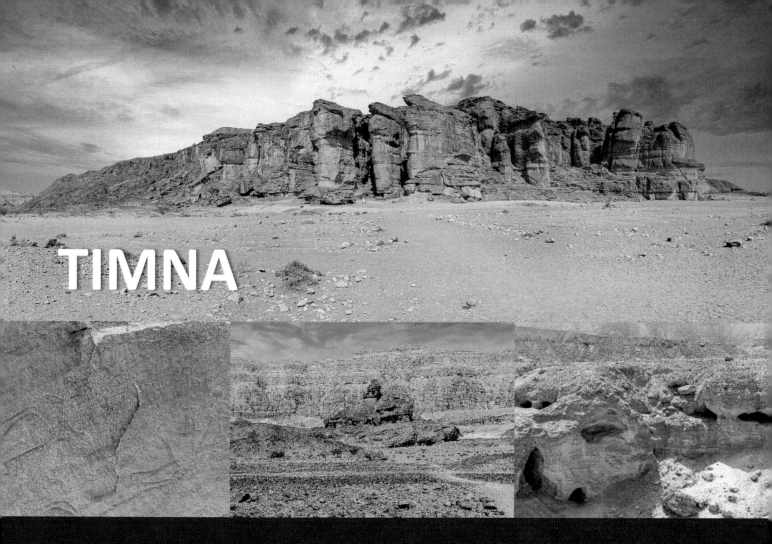

TIMNA

Timna besaß die älteste Kupfermine der Welt, die vor über 6.000 Jahren eröffnet wurde, also in der Zeit, als die Menschen die Fähigkeit erlangten, Kupfer oder andere Metalle zu verwenden. Für die antike Welt war dies ein revolutionärer technologischer Fortschritt. Die Menschen begannen, Kupfer im Alltag zu verwenden.

Die Ägypter waren Unternehmer, als sie um das 14. bis 12. Jh. v. Chr. unter der Herrschaft von Seti I. und Ramses V. mit der Gewinnung von Kupfer in diesem Gebiet begannen. Sie waren jedoch nicht die Einzigen, die sich an diesem revolutionären und lukrativen Geschäft beteiligten - auch die Medianiter, Keniter und die Bewohner der arabischen Halbinsel gingen eine Partnerschaft ein.

Das Kupfer wurde bis zum Golf von Eilat und von dort über das Rote Meer nach Ägypten transportiert.

Die Minen wurden später aufgegeben, obwohl im 10. Jh. v. Chr., vermutlich während der Herrschaft von König Salomon, wieder mehr abgebaut wurde, allerdings nicht so viel wie in den Minen von Funon in Transjordanien. Er wurde während der römischen Periode (1.-2. Jh. n. Chr.) und der frühen arabischen Periode (7.-8. Jh. n. Chr.) wieder aufgenommen.

Der Timna Nationalpark liegt in der Wüste Arabah, nur wenige Kilometer nördlich der Stadt Eilat. Mit seiner Kombination aus atemberaubender Landschaft und unglaublicher Geschichte ist der Park nicht nur für Touristen, sondern auch für Einheimische sehr interessant.

Neben den alten Kupferminen aus verschiedenen Epochen umfasst die materielle Kultur, die von den Bergleuten hinterlassen wurde, Ruinen des Tempels der Hathor, der Göttin der Bergleute, Graffiti der Streitwagen, Jäger mit Pfeil und Bogen und Tieren sowie eine Wandzeichnung von Ramses III, der dem Gott Hathor Geschenke darbringt.

Außerdem gibt es Naturskulpturen, die durch Erosion entstanden sind, wie der Pilz, die Bögen und die so genannte "Salomonsäule", der roten Canyons bildet, die majestätisch und amüsant anzusehen sind.

Neben den Naturschönheiten können die Besucher auch Mountainbike fahren, mit dem Boot auf dem künstlichen See fahren oder sogar über Nacht campen. Sie können auch eine Nachbildung der Stiftshütte besichtigen, die auf den Maßen und Vorschriften basiert, die Moses während seiner Reise durch die Wüste gegeben wurden (2. Mose 25).

YEHIAM-FESTUNG

Die Yehiam- Festung ist ein typisches Beispiel dafür, wie ein Ort im Laufe der Jahrhunderte immer wieder für denselben Zweck genutzt wurde, was kein Einzelfall ist, da dieses Phänomen überall im Land zu beobachten ist.

Von den Römern über die Byzantiner und die Kreuzfahrer bis hin zu den Osmanen wurde die Stätte als strategischer Ort genutzt, der die Küstenebene überblickte, den Zugang von Eindringlingen verhinderte und den Übergang nach Obergaliläa schützte. Während der Kreuzfahrerzeit wurde sie jedoch im zweiten Kreuzfahrerreich (d. h. Akko) genutzt, um die Hauptstadt vor Eindringlingen aus dem Osten zu schützen, vor allem als die Kreuzfahrer in der Schlacht von Hattin 1187 n. Chr. verloren und ihnen ein Teil Galiläas und der Küstenebene überlassen wurde. Zum Zeitpunkt der Erstellung dieses Buches ist die gesamte Festung noch nicht eingehend untersucht worden, und wer weiß, was noch alles entdeckt oder gelernt werden kann.

Die Byzantiner bauten und befestigten eine bäuerliche Gemeinschaft von Mönchen. Die Kreuzfahrer hinterließen die typischen langgestreckten Gewölbe und Türme mit Schießscharten, mit denen sie auf ihre Feinde schießen konnten. Sie errichteten auch dieses landwirtschaftliche System in ganz Galiläa, einige unter privaten Familienbesitzern oder verkauft an verschiedene Orden innerhalb des Kreuzfahrerreichs, in diesem Fall den Deutschen Orden. Als sie das Verteidigungssystem des Turms verstärkten, nannten sie ihn Judin.

Trotz des gut ausgebauten Verteidigungssystems konnte die Zerstörung des Turms unter dem Befehl von Sultan Baibars nicht verhindert werden.

Im 18. Jh. n. Chr. wurde Scheich Mahd el-Hussein lokaler Herrscher von Galiläa und baute die Festung teilweise wieder auf. Doch 1738 erlangte Dahr el-Ommar, ein Beduine, die Kontrolle über Galiläa und nahm die Festung für sich ein. Der größte Teil der heutigen Anlage stammt aus dieser Zeit. Dahr el-Ommars Herrschaft endete, nachdem die Türken genug von seiner Rebellion und seiner selbsternannten Herrschaft über Galiläa hatten; er wurde daher 1775 n. Chr. in einer Schlacht in Akko getötet.

Die Nationalparkbehörde hat die Festung umfassend rekonstruiert und gesichert. Bei einem Besuch der Festung sollte man unbedingt auf den Gipfel steigen, um die Umgebung zu sehen und zu verstehen, warum man sich entschieden hat, genau an dieser Stelle immer wieder zu bauen.

Rund um die Festung sind die Schützengräben aus dem israelischen Unabhängigkeitskrieg von 1948 noch

Made in the USA
Middletown, DE
09 November 2021